高阶思维引领：
高中历史微项目教学

胡志章　缪有光　著

吉林文史出版社

图书在版编目（CIP）数据

高阶思维引领：高中历史微项目教学 / 胡志章，缪
有光著 . — 长春：吉林文史出版社，2024. 7. — ISBN
978-7-5752-0497-2

Ⅰ . G633.512

中国国家版本馆 CIP 数据核字第 2024HN0647 号

高阶思维引领 : 高中历史微项目教学
GAOJIE SIWEI YINLING : GAOZHONG LISHI WEI XIANGMU JIAOXUE

著　　者：	胡志章　缪有光	
责任编辑：	程　明	
出版发行：	吉林文史出版社	
电　　话：	0431-81629359	
地　　址：	长春市福祉大路 5788 号	
邮　　编：	130117	
网　　址：	www.jlws.com.cn	
印　　刷：	河北万卷印刷有限公司	
开　　本：	710mm×1000mm　1/16	
印　　张：	16.5	
字　　数：	230 千字	
版　　次：	2024 年 7 月第 1 版	
印　　次：	2024 年 7 月第 1 次印刷	
书　　号：	ISBN 978-7-5752-0497-2	
定　　价：	98.00 元	

内容简介

　　《高阶思维引领：高中历史微项目教学》是一部专注于教育创新与实践的专著，旨在探索和阐述如何将微项目教学法融入高中历史教学，以培养学生的高阶思维能力。本书深入分析了高阶思维的概念和重要性，并详细讨论了微项目教学法的理论基础、设计原则、实施策略以及评估方法。通过将理论与实践相结合，本书不仅提供了一套完整的微项目教学应用框架，而且通过具体案例分析，展示了这一教学方法在实际教学中的应用效果和面临的挑战，为教育工作者提供了丰富的实践经验和解决策略。

　　在微项目教学法的指导下，本书强调学生中心的教学理念，鼓励学生通过参与具体项目的设计、执行和评估，自主探索历史知识，发展批判性思维、解决问题的能力及创造性思维能力。这种教学方法不仅能够使学生更加主动地参与学习过程，还能促进他们对历史知识的深入理解和应用。本书还特别关注教师在微项目教学中的角色转变，从传统的知识传授者转变为引导者、协助者和评估者，强调教师与学生之间以及学生与学生之间互动合作的重要性。同时，书中对微项目教学过程中可能遇到的问题和挑战进行了深入分析，并提供了有效的解决策略和优化建议，帮助教师更好地实施微项目教学法，提高教学效果。

　　本书不仅是一本理论与实践相结合的教育创新指南，也是一本为历史教师、教育研究者和政策制定者提供深刻洞见的参考书。通过阅读本书，读者能够获得启发性的见解，探索高中历史教学的新途径，为学生打造一个更加动态、互动和富有成效的学习环境。

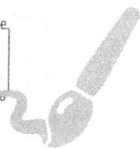

在当今快速变化的社会环境中，教育的使命不仅仅是传授知识，更重要的是培养学生的批判性思维、解决问题的能力及创造性思维能力，这些都属于高阶思维能力，是学生适应未来社会挑战的关键。在这样的背景下，《高阶思维引领：高中历史微项目教学》一书应运而生。

历史不仅仅是过去的记忆，更是理解人类社会、培养深层次思维和反思能力的重要工具。传统的历史教学往往注重事实的记忆和时间线的追踪，而忽视了思维技能的培养和历史思维的发展。本书基于微项目教学法，通过引导学生主动探究、批判性分析和解决问题，旨在突破传统教学的局限，激发学生的学习兴趣，提升他们的高阶思维能力。

在微项目教学中，学生不再是被动的知识接受者，而是成为知识的探索者和创造者。通过小型、有针对性的项目活动，学生能够在实践中应用和深化历史知识，同时发展批判性思维、创新能力和解决问题的技能。这种教学方法强调学生中心，促进教师与学生之间、学生与学生之间的互动与合作，为学生提供了一个真实的学习环境，让他们在探索中学习，在实践中成长。

本书共分八章，第一章从理论层面探讨了高阶思维的重要性，并对微项目教学法进行了全面概述，分析了其在当前教育背景下的适应性和必要性。第二章细化到微项目教学的设计层面，从原则到具体的情境和问题设计，为高中历史教学提供了明确的设计指导。第三章转向实施模型，详细讲述了项目的导入、教学活动的组织执行，以及成果的展示和评价方法。第四章通过具体的案例分析，展示了微项目教学在实际教学中的应用情况和效果，为读者提供了可参考的实践经验和总结。第五章反思了微项目教学实施过程中教师角色的转变、学生参与度的提高以及所面临的挑战和解决策略。第六章关注教学成效的评估，探讨了评估的原则、工具和方法，以及如何根据评估结果进行教学改进。第七章提出针对微项目教学的优化策略，包括教学设计的逆向思维、强化学生主体性的策略和加强校内外合作的建议。最后章总结了全书内容，并对微项目教学的未来发展方向和对高中历史教学的长远影响提出了展望。

通过阅读本书，教师和教育研究者将获得关于如何在高中历史教学中整合微项目教学法以培养学生高阶思维能力的深入见解。本书旨在激发教育工作者对历史教学创新的思考，提供实践中可行的策略和方法，促进教育教学的改革和发展。

我们深知教育的力量和责任。其中，福建省石狮市石光中学胡志章撰写了第一、二、三、四章内容，共计12万字；福建省福安市第一中学缪有光撰写了第五、六、七、八章内容，共计11万字。在编写本书的过程中，我们深入研究了大量的教育理论，参与和观察了众多微项目教学的实践活动，并与许多一线教师和学生进行了深入的交流和讨论。这一切的努力，都是为了探索更有效的教学方法，帮助学生在学习历史的过程中发展关键的思维能力，为他们的未来学习和生活打下坚实的基础。

我们衷心希望这本书能够为广大教育工作者提供价值，帮助他们在教学实践中找到新的方向和灵感。让我们一起探索和实践，为培养具有高阶思维能力的未来公民而努力。

目 录

第一章 微项目教学应用的理论探析

第一节 高阶思维理论探究

一、高阶思维的基本概念与构成

（一）高阶思维的定义

高阶思维是一个复杂的概念，其具体定义在学术界尚无统一共识。这种思维能力是发生在较高认知水平层次上的心智活动或认知能力[①]，通常涉及较为复杂的认知过程，包括但不限于创新能力、问题解决能力、决策力以及批判性思维能力，这些能力构成了高阶思维的核心。该概念的发展可追溯至美国教育学家本杰明·布卢姆（Benjamin Bloom）在1956年提出的教育目标分类学。布卢姆将以认知为主导的学习目标分为六个层次：识记、理解、应用、分析、综合、评价，其中前三者被视为低阶思维，即在较低认知水平上发生的心智活动，主要涉及学习事实性

[①] 官炳才，邹俊.基于课标的语文高阶思维教学策略[J].语文教学与研究：读写天地，2016（28）：37.

知识或完成简单任务的能力；而分析、评价和创造被称为高阶思维①，这类思维活动在更高的认知层次上进行，涉及更为复杂的心智操作和认知能力。

进入 20 世纪 90 年代中期，随着教育目标分类学的进一步修订和发展，包括布卢姆早期的合作者安德森和克拉斯沃在内的一组教育专家，对原有的分类体系进行了重要的修订。这一新的修订版本将原来一维的目标分类改为二维，一个是"知识"的维度，另一个是"认知过程"的维度。"认知过程"维度包括记忆、理解、应用、分析、评价和创造六个方面，其中的"分析、评价和创造"被确定为高阶思维。

21 世纪前后，我国学术界对高阶思维的研究逐渐增多，这一领域的探讨不仅吸引了众多学者的兴趣，也促进了相关研究论文的相继发表。在国内对高阶思维概念及其在教育实践中应用的深入研究中，钟志贤教授的贡献尤为显著。他对"高阶思维"的界定为：一种发生在较高认知水平层次上的心智活动或认知能力，主要包括问题求解、决策、批判性思维和创造性思维等能力，这些能力在教育目标分类中体现为较高层次的认知水平，如分析、综合和创新。这一定义在国内获得了广泛认可，并激发了更多一线教育工作者对高阶思维研究的深入探索。钟志贤教授的定义强调了高阶思维不仅仅是一个抽象的学术概念，而是一种具体而关键的能力，对于学生解决复杂问题、进行有效决策、批判性分析和创新思考具有至关重要的作用。钟志贤老师给出的定义，在国内得到了普遍的认可，他的研究也吸引了更多一线教育工作者对于高阶思维研究的关注。

结合上述研究，我们可以从三个维度进行界定，如图 1-1 所示。

---

① 董健. 基于"高阶思维"发展的课堂教学设计：以"底层的光芒"专题教学为例 [J]. 中学语文，2019（28）：67.

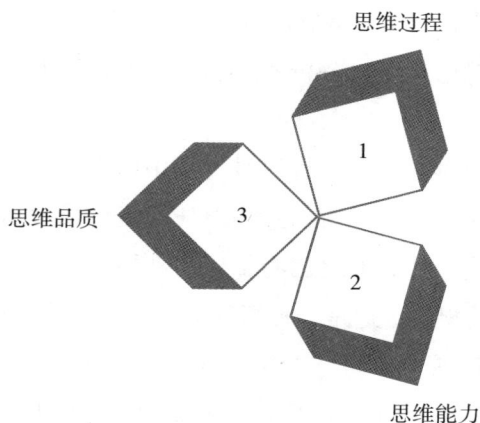

图 1-1　高阶思维能力的三个维度

第一，高阶思维被视为发生在较高认知水平层次上的思维过程。这种思维过程不仅超越了记忆和理解这些基本的认知活动，而且要求个体在更高的层次上对信息和知识进行分析、评价和创造。这种思维的特征主要表现在对信息的深层处理上，这不仅包括信息的筛选和组织，更重要的是对信息的连接、批判性评估和创新性构建。我们首先必须认识到，这种思维过程要求个体具备丰富的知识储备。知识储备为高阶思维提供了必要的基础，使个体能够在遇到复杂问题时迅速调用相关信息并进行有效处理。不过仅有知识储备是不够的，高阶思维还要求个体能够运用复杂的认知策略来处理这些信息：

一是分析能力。在分析过程中，个体需要将复杂的信息或问题分解为更小、更易于管理的部分，然后识别这些部分之间的逻辑联系。这种分析不仅涉及表层的链接，更重要的是对背后深层次逻辑和结构的识别和理解。例如，在历史学习中，高阶思维能力使学生能够不仅仅记忆历史事实，而是能够分析不同历史事件之间的因果关系，以及这些事件与当今世界的联系。

二是评价能力。这要求个体不仅能对信息进行分析，还能进行价值判断，判断信息的真实性、可靠性以及其对当前问题解决方案的适用性。这种评价是基于对信息深入分析的基础上，结合个人的价值观和先前的经验进行的。

三是创造性思维。在创造性思维过程中，个体不仅仅是被动接受和处理信息，而是能够利用现有信息构建新的概念或提出新的问题解决方案。这种能力要求个体具有将已有知识与新情境相结合的能力，能够在此基础上产生新的想法，这是一种高度综合与创新的认知活动。

高阶思维还包括了推理、比较、归纳和演绎等认知策略。通过这些策略，个体能够从一组特定的事实中抽象出一般原则，或者从一般原则中推导出特定的结论。这些复杂的认知操作使个体能够不仅看到表面现象，而且能够洞察事物发展的内在规律。

第二，高阶思维表现为个体在完成挑战性任务情境中显现出的思维能力。在这种情境下，任务的不确定性和复杂性要求解决者具备超越传统认知模式的思考能力，这不仅包括理解问题的表层现象，更重要的是能够透视问题的深层结构并提出有效的解决方案。这种能力的发展是动态的，涉及知识、技能和态度的综合运用，以适应并解决那些非常规和多维度的问题。在挑战性任务中，问题往往呈现出高度的复杂性，这不仅因为问题本身的难度，还因为问题常常嵌入在一个动态变化的环境中。例如，在高中历史教学中，当学生被要求分析某一历史事件的多重影响时，他们需要在理解基本历史事实的基础上，进一步探讨社会、经济、文化等多方面的交互影响。这种分析不仅要求学生调动广泛的知识体系，还要求他们能够从多个视角切入，检视不同因素如何共同作用于历史进程。

高阶思维在这种情境中的体现，一是在于个体如何有效地利用已有知识。知识的应用不再是简单的回忆或重述，而是需要个体能够在理解其意义的基础上，进行批判性的分析和综合。这一过程往往需要个体对知识进行重新组合，生成新的理解和见解，这种能力是高阶思维的关键表现。二是高阶思维要求个体在解决问题时能灵活调整思维路径。这种灵活性表现在个体能够根据问题的具体情境，快速切换不同的思考模式和策略。例如，在讨论历史事件可能的未来影响时，学生需要能够运用假设性思维，预测并评估不同选择的后果。这种能力不仅依赖于逻辑推理，更涉及创造性思维的运用，即如何在现有信息不足的情况下，创造性地构建可能的未来场景。三是高阶思维要求个体具有不断探索和优化解决方案的能力。在面对复杂问题时，很少有单一的、标准的答案。因此，高阶思维的表现还包括个体如何评估已有解决方案的效果，如何基于反馈调整自己的策略。这一过程中，个体需要具备自我监控和自我调节的能力。

第三，高阶思维是一种具有敏捷性、灵活性、批判性、创造性和深刻性等不同特征的思维品质或思维倾向。这些品质不仅体现在个体解决问题的过程中，更渗透于个体对知识、信息和经验的深度理解和反思之中。

敏捷性和灵活性使得个体能够迅速适应不同的问题和情境，灵活调整自己的思考模式和策略。这种思维方式不仅仅反映了信息处理的速度，更重要的是体现了思维适应性的高度，即个体能够根据不同情境的需求，快速切换和选择最合适的认知路径和方法。

批判性则要求个体在面对任何信息或观点时，都能持有怀疑的态度，通过逻辑推理和证据分析来审视这些信息或观点的有效性和可靠性。批判性思维能力的培养，使得个体在接受任何新知识之前，都能进行深入地思考和质疑，这种品质对于发展独立思考和避免盲目跟从尤为重要。创造性涉及在已有信息和知识基础上，能够产生新的想法、概念或解决策略。这种能力不仅需要丰富的想象力和宽广的知识视野，更需要能够跳出传统思维的框架，探索未知的可能性。创造性思维通常伴随着对常规知识的颠覆，它要求个体在认知上持续进行创新和突破。深刻性则是指个体在思考和解决问题时，能够触及问题的核心层面，从而提出更为根本和本质的见解和解决方案。这种思维品质使得个体不满足于表面的分析，而是追求对问题深层次原因的探究和理解。

高阶思维还要求个体能够有效地运用元认知策略、认知策略和非策略性知识。元认知策略涉及对自己的认知过程的监控和调控，使个体能够自我反思和评估自己的思考过程和方法，这是自我调整和优化思维方式的关键。认知策略则包括用于信息处理和问题解决的具体技术，如记忆、推理、比较等。非策略性知识则是个体在日常生活和学习中积累的经验和直觉，这些知识虽然不是系统化的策略，但在实际应用中同样重要。

（二）高阶思维的构成元素

1. 从思维过程角度看

高阶思维由探究、逻辑推理、抽象拓展、决策、问题解决五要素构成。高阶思维发生的过程通常发生于具有一定挑战性的问题解决过程中，其中学生要经历发现、分析、解决问题的思维过程。提出或发现问题阶段要求个体具有一定的探究意识，分析问题时要求个体具备逻辑推理和拓展抽象思维，解决问题时则要求学生具备决策和问题解决的思维外显化行为。

（1）探究思维体现了个体在面对不确定性和复杂性问题时的内在动态过程。这种思维状态不仅仅是一种解决问题的策略，更是一种深层的认识态度和心理状态，它启动了个体对问题深入理解和系统思考的能力。在认知心理学中，探究思维被视为一种高级的认知活动，它始于对现有知识的怀疑和对问题的困惑。这种心理状态促使个体不满足于表面的答案或简单的解释，而是追求对问题更深层次的理解和解析。这一过程中，个体的思维活动超越了常规的记忆和理解，转而投入分析、评估、创造和整合信息的复杂活动中。

探究思维的核心在于其生成性和建构性特征。个体在探究过程中，不断地构建和重构问题的认识框架，这一点表现在他们如何提出问题、如何设定假设、如何设计实验或研究方案以及如何解释结果。这些活动都需要个体具备高度的批判性思维能力和创造性思维能力，使他们能够在已有信息的基础上，生成新的见解或理论。

探究思维要求个体具有强烈的主动性和自驱力。在面对复杂问题时，探究思维使个体能够主动地寻找信息和证据，而不是被动地等待解决方案的出现。这种主动性表现在个体愿意深入问题的核心，通过不断地提问和思考，逐步接近问题的本质。在这个过程中，个体不畏惧问题解决过程中可能遇到的困难和挑战，而是将这些困难视为进一步探索和学习的机会。探究思维还涉及个体在认知过程中不断进行自我调节和自我反思的能力。这包括能够评估自己的思考过程是否合理，自己的策略是否有效，以及自己的理解是否深刻。这种元认知能力是探究思维不可或缺的一部分，它帮助个体在探究活动中保持正确的方向和方法，确保通过探究得到的知识是准确和可靠的。

（2）逻辑推理思维涉及个体如何使用逻辑来分析、评估和解决问题。这种思维方式不仅要求个体具备严密的逻辑结构和清晰的思考过程，而且要求他们能够在复杂的情境中准确地识别和构建问题的逻辑关系。逻辑推理思维的核心在于它如何帮助个体深入理解事物的内在逻辑和发展规律，从而使得思考过程不仅严密而且具有深度。在探讨逻辑推理思维的过程中，我们首先需要明确逻辑推理的本质。逻辑推理是基于事实和证据进行的结构化思考过程，其目的在于通过有效地推理来达到正确结论的过程。这种思维活动要求个体能够从给定的前提出发，运用演绎或归纳的方法，推导出合理的结论。演绎推理是从一般到个别的思维过程，它要求前提绝对真实，从而保证结论的有效性；归纳推理则是从个别到一般的过程，通过观察特定案例来形成一般性结论，虽然结论的普适性不如演绎推理强，但它在处理实际问题时更具灵活性和适应性。

逻辑推理思维在复杂情境中的应用表现为个体能够识别并解析问题的关键元素。在面对复杂的历史事件、科学问题或社会现象时，具备逻辑推理能力的个体能够分析各种因素如何相互作用，识别事件之间的因果关系，以及如何从现象中抽象出本质。通过这种深入的逻辑分析，个体不仅能够理解事物的表层关系，更能够洞察事物发展的内在规律。逻辑推理思维还体现在个体如何在信息不完全或存在不确定性的情况下，做出合理的判断和决策。在这种情境下，逻辑推理能力使个体能够评估不同信息的可靠性，权衡各种选择的利弊，以及构建最可能的情景，从而在多种可能性中做出最合适的选择。逻辑推理思维还强调了论证的重要性，通过有效的论证，个体不仅能够支持自己的观点，还能够批判性地评价他人的论点，推动知识的深入探讨和理解。

（3）抽象拓展思维涉及个体如何从抽象的层面理解和重构复杂、非线性的问题，这种思维方式不仅要求个体具备将具体情境抽象化的能力，还要求能够在抽象的基础上进行创新的思考和深入的拓展。抽象拓展思维的基础在于个体能够将面对的具体问题抽象化。抽象化是指从具体的事实或现象中提取出核心的概念和规律，忽略那些非本质或偶然的特征。这一过程是高阶思维的基本要求，因为只有通过抽象化，个体才能在复杂的问题中看到本质，从而进行有效地分析和解决。例如，在处理历史事件的影响时，抽象拓展思维能使学者从一个具体事件的描述中提炼出影响社会变革的普遍原则。具备抽象拓展思维的个体不仅能够进行问题的抽象概括，还能从理论的高度来分析问题。这意味着个体能够利用已有的理论知识对问题进行框架化解释，使用理论模型来预测和解释现象。这种从理论高度进行的分析是深化理解的重要方式，它使得个体能够将孤立的事实联系起来，形成一个连贯的整体视角。

抽象拓展思维还表现在个体对结构混乱的问题能赋予有意义的重组与构建。在面对复杂且信息量大的问题时，能够有效地重组信息，找出信息之间的内在联系，是解决问题的关键。这不仅要求个体具有较强的信息处理能力，更要求能够在原有的基础上进行创新性的构建，通过新的组合方式来揭示问题的新层面。抽象拓展思维还要求个体能够深化问题，使问题本身的意义得到拓展。这涉及个体在理解问题的基础上，能够进一步提问，探索问题更深层次的含义和更广泛的联系。例如，科学研究中，研究者不仅要回答实验能解决的具体问题，还要探讨这些发现对现有科学理论的挑战和对未来研究方向的启示。

（4）决策行为体现了个体在面对选择的情境时如何有效地利用信息、评估选项并做出最佳选择的能力。这种思维行为不仅要求个体具备信息处理的技能，还要求其能够进行复杂的分析、评估和合成，以确保所做决策的合理性和有效性。

在高阶思维中，决策行为首先涉及对相关信息的聚合和整合。个体在面对决策任务时，必须能够确定并收集所有与决策主题相关的信息。这不仅包括显式的、直接可获得的信息，还包括那些需要通过分析和推理才能得到的隐性知识。例如，在处理一个复杂的商业问题时，决策者不仅需要收集市场数据、竞争对手的信息和消费者反馈，还需要理解这些数据背后的市场趋势和潜在的影响因素。决策行为还涉及对所需信息的筛选和决定。在信息爆炸的时代，能够从大量的信息中筛选出真正有用的数据是一个关键的能力。这需要决策者具备高度的批判性思维能力，能够评估信息的相关性、准确性和时效性，从而做出是否采纳特定信息的决定。在信息整合之后，决策行为的核心在于比较多种可供选择的方法或选项的优缺点。这一过程要求决策者不仅要有能力分析每个选项的潜在价值和风险，还要能够从多个角度和长远的视野进行考量。这涉及对不同选项影响的系统评价，如成本效益分析、风险评估和可能性预测等。

决策的有效性还依赖于个体在有充分理由的基础上做出判断的能力。这意味着个体在做出决策前，能够基于逻辑推理和证据分析来确定哪一种方法或选项最为有效。这种判断不是基于直觉的猜测，而是建立在扎实的数据分析和理性的思考之上。决策行为的终极表现是在诸多备选方案中选择最优解。这不仅是一个选择过程，更是一个优化问题解决方案的过程。决策者在这一阶段需要综合考虑所有的因素，运用逻辑和判断力，以及战略思维能力，从而选择能够最大化目标达成的方案。

（5）问题解决行为是指个体处于复杂的、不熟悉的情况或活动中，能够将获得的新信息重新排列和扩展到他记忆中的现有信息，并利用自己的知识和个人经验找到问题的解决方案，从而识别、理解、分析和应用问题。在心理学和认知科学的领域中，问题解决通常被定义为在达成目标的过程中遇到障碍时，个体如何运用认知和行为策略来克服障碍。这种定义强调了问题解决的目标导向性和策略性，即个体必须明确自己的目标，识别和分析阻碍目标达成的障碍，并通过策略的选择和实施来有效地解决问题。

问题解决行为的第一步是问题的识别。这一阶段，个体需要能够准确地识别出问题的存在，并对问题的性质有一个基本的了解。这通常涉及从一系列复杂的信息中提取关键线索，从而确定问题的本质。例如，在科学研究中，一个研究者可能需要从实验结果的异常数据中识别出潜在的科学问题。随后的阶段是问题的理解，这要求个体不仅停留在表层的问题描述上，而是深入问题的结构和内在逻辑中。这通常需要个体将新获得的信息与记忆中的现有知识进行整合，利用自己的理论框架和先前的经验来构建对问题的全面理解。通过这一过程，个体可以更准确地界定问题的范围和性质，为后续的解决策略选择奠定基础。在理解了问题之后，个体进入问题的分析阶段。这一阶段的核心是将问题分解为更小的、可管理的部分，并识别这些部分之间的逻辑联系。问题分析不仅需要逻辑思维的运用，也需要创造性的思考，因为很多复杂问题的解决往往不是线性的，而是需要通过非传统的方式来寻找解决路径。

问题解决行为的核心在于解决方案的应用。在这一阶段，个体需要选择并实施一种或多种策略来解决问题。这要求个体不仅具备选择合适策略的能力，还需要能够实际应用这些策略，并根据实际情况进行调整和优化。有效的问题解决不仅仅是找到一个理论上可行的解决方案，更重要的是能够在实际操作中验证和完善这些解决方案。

2. 从思维能力角度看

高阶思维通常涵盖了一系列复杂的认知任务，包括分析、评估、创造等能力，它们超越了简单的记忆和理解，要求个体能在更深层次上加工信息和知识。这种思维方式对于学生的学术和职业成功至关重要，特别是在当前信息爆炸和技术迅速发展的社会环境中。

（1）分析能力，即能够系统地解构信息和问题的能力。这种能力使个体能识别信息的组成部分，并理解这些部分之间的关系。例如，在历史学习中，分析能力可以帮助学生解读复杂的历史事件，理解不同历史角色的行为动机及其对事件进程的影响。

（2）评估能力是高阶思维中不可或缺的部分。这一能力涉及判断信息、论据及决策的有效性和可靠性。在实际应用中，学生需要通过评估来形成自己对历史源材料可信度的看法，或对不同历史解释的偏见进行批判。

（3）创造能力要求学生不仅理解和分析已有的信息，还需要能够合成新的想法，提出创新的解决方案。在历史教学中，这可能意味着学生能够基于对历史事件的深入理解，构建一个历史情境的虚拟复原，或是对历史事件提出新的解释和评价。

3. 从思维品质角度看

高阶思维涉及的核心品质包括批判性、反思性、开放性、系统性、创造性。这些品质为思维的深度和广度提供了必要的支持，使个体能够在复杂和不确定的情境中做出合理的判断和决策。

（1）批判性思维品质。它要求个体不仅接受表面信息，而是能够深入分析和评价信息的来源、结构和意义。这种品质在学术研究和日常生活中都极为重要。例如，在历史学习中，批判性思维使学生能够质疑和评估不同的历史叙述和解释，从而形成更为独立和深刻的历史理解。

（2）反思性思维品质。它涉及对自己思考过程的持续审视和评价。具备反思性的学习者能够在思考中识别自己的假设和偏见，理解这些前提如何影响他们的判断。在教育实践中，鼓励学生在完成历史项目后进行反思，有助于他们识别在学习过程中的认知盲点和潜在的误解。

（3）开放性思维品质。这一思维品质对于高阶思维至关重要，因为它允许个体探索各种可能性，不局限于已知或传统的解决方案。在历史学习中，开放性鼓励学生探讨各种历史解释，包括那些与自己先前观点不同的理论，从而培养更全面和多元的历史视角。

（4）系统性思维品质。它使个体能够将不同的信息和观点综合在一起，形成连贯和全面的理解。在处理复杂的历史事件和现象时，系统性思维尤为重要，因为历史往往是多因素、多视角交织的结果。教师通过设计让学生从多个维度和角度分析历史事件的活动，可以有效地培养他们的系统性思维。

（5）创造性思维品质。它强调在已有信息基础上生成新的想法或解决方案。在历史教学中，创造性可以体现在解释历史事件的新方法或提出未被广泛讨论的历史观点上。这不仅展示了学生对历史材料的深入理解，也表明他们能够在现有研究的基础上进行创新。

二、高阶思维的核心特征

（一）非算法性

高阶思维的非算法性突出表现在思维过程中不依赖固定的步骤或规则来导航问题解决路径。这一特性使得高阶思维在处理复杂、多变的情境时表现出显著的灵活性和适应性。在传统的算法思维中，问题通常通过应用标准化、明确的规则或程序来解决。这种方法在处理结构化问题时非常有效，因为这些问题有明确的解决路径和预期结果。但现实世界中的问题往往复杂且多变，缺乏明确的界定和标准答案，这就需要高阶思维的介入。非算法性特征要求个体在遇到新问题或挑战时，不是机械地应用先前学习的规则或模板，而是能够根据问题的具体特征和环境条件，动态地生成或调整解决策略。这种思维方式往往涉及对问题深度的理解和解构，以及在此基础上的创新性思考。

高阶思维的非算法性体现在以下几个方面：一是它要求个体进行问题的全面审视，从多个角度对问题进行解析，这种多维度的问题解构是传统算法思维所不具备的。个体需要评估问题的各种影响因素，理解这些因素之间的相互作用，并在此基础上设计解决方案。二是非算法性的高阶思维涉及在问题解决过程中的持续调整和优化。由于复杂问题的不确定性和动态变化特征，已有的解决策略可能需要根据新的信息和反馈进行调整。这种适应性调整要求个体具备灵活运用知识和技能的能力，以及在新情境下迅速学习和应用新知识的能力。三是高阶思维的非算法性还强调创新和创造性解决问题。面对没有先例可循的新问题时，个体需要创造新的解决方法，这往往涉及跨学科知识的整合、新技术的应用，或是完全原创的思路。这种创新过程是高阶思维区别于传统算法思维的显著标志。

（二）心理上的不可见性

心理上的不可见性表明高阶思维包含的认知活动通常是内在的、隐蔽的，且不容易被外部直接观察或度量。这种特性强调了高阶思维的复杂性和深度，涉及个体心理层面上的多维度处理和转化过程。在讨论心理上的不可见性时，首先需要认识到高阶思维的深层性。这种思维过程往往涉及抽象的、概念化的思考，如理论推导、假设测试、批判性分析和综合评价。这些认知活动发生在个体的内心深处，涉及复杂的信息处理和推理结构，通常不会直接显现在行为上，因此它们的具体过程难以被观察到。

心理上的不可见性也意味着这些思维过程很难通过外部行为直接推断。例如，一个人在进行复杂的决策或解决难题时，其内心可能经历了从信息收集、问题定义、方案设计到最终决策的一系列复杂步骤。这些步骤涉及个体的价值判断、优先级排序、逻辑推理和可能性评估等，这些过程大多在个体的内心无声发生，外部观察者很难准确捕捉到这些细节。高阶思维的心理上不可见性还涉及个体如何在内心整合和转化各种认知资源。在面对复杂问题时，个体需要调动其记忆、经验、知识和情感等多种认知资源，通过内在的思考和反思来形成对问题的深入理解和合理解答。这一过程往往是多层次的，涉及认知和情感的相互作用，以及对这些内在体验的持续自我调节。

高阶思维的这种不可见性，虽然给观察和评价带来了挑战，但也强调了高阶思维的主观性和个体差异性。不同个体在面对同一问题时可能采取完全不同的思考方式和解决策略，这些差异反映了个体的认知风格、先验知识和经验的独特性。为了更好地理解和促进高阶思维的发展，研究者和教育者需要采用更细致的方法来探索和描述个体的内在思维过程。这可能包括开发和使用深度访谈、思维报告等技术来获取个体在解决问题时的思维动态和认知策略。通过这些方法，可以在一定程度上"可视化"那些通常不可见的心理过程，从而更好地理解和支持高阶思维的发展。

（三）不确定性

高阶思维的不确定性体现了在复杂和动态变化的环境中，个体面临的信息不完全、情况不明确，以及解决方案不确定的挑战。在这种环境中进行思维活动，要求个体具备处理不确定性和进行有效决策的能力，这在很大程度上决定了其思维的高阶性质。在现实世界中，个体往往需要在缺乏足够信息或信息存在歧义的情况下做出选择和判断。这种不确定性不仅来源于外部环境的复杂性，也源自任务本身的不明确性。例如，在科学研究、商业策略制定或公共政策的制订过程中，决策者常常需要在未知的多个结果之间选择，这要求他们不仅要评估现有的数据，还要预测未来的趋势和可能性。

处理不确定性的高阶思维表现在以下几个方面：一是问题识别和定义的能力。在不确定的环境中，清晰地识别和定义问题本身就是一个挑战。高阶思维使个体能够通过对现有信息的分析，理解问题的核心，从而更精确地界定问题的范围和性质。这一过程通常涉及对问题背景的深入研究，以及对相关因素和变量的系统识别。二是高阶思维还要求在信息不完全时能够制定有效的策略。这包括能够进行合理的假设，使用启发式方法，以及采用试错的方式来逐步靠近问题的解决方案。在这一过程中，个体需要运用创造性思维来想象可能的解决方案，同时利用批判性思维来评估各种方案的可行性和潜在的风险。三是高阶思维在处理不确定性时还涉及对风险的评估和管理。个体需要评估不同决策路径下的潜在风险，以及这些风险对最终结果的影响。这通常要求个体具备风险分析的能力，以及在风险存在的情况下仍能作出最佳决策的勇气和智慧。

（四）多解性

在复杂的现实世界问题中，往往不存在唯一正确的答案。因此，高阶思维的多解性体现了个体在面对问题时能够展示出的创造性和适应性，能够基于不同的视角和方法提出多种潜在的解决方案。

1.高阶思维的多解性强调了创造性思维的重要性。创造性思维使个体能够超越传统的思维模式和常规的解决方法，探索新的可能性。在实际应用中，这种思维能力通常涉及对问题的不同解读，以及对解决方案的创新构想。例如，在设计一个新产品或解决一个社会问题时，高阶思维允许个体从多个维度分析问题，提出多种可能的设计方案或政策选择，这些方案或选择各具特点，适用于不同的情境或需求。

2. 高阶思维的多解性还体现了个体对问题的深入理解。能够提出多种解决方案的个体往往能够更全面地把握问题的各个方面，理解问题的复杂性和多维性。这种理解不仅基于对问题表象的观察，更源于对问题本质的洞察。通过这种深入地理解，个体能够基于问题的不同特征和背景，设计出多种符合逻辑的解决方案。

3. 高阶思维的多解性要求个体具有较强的评估和选择能力。面对多个可能的解决方案时，个体需要能够根据具体的目标、条件和资源，评估各个方案的可行性、效果和成本。这种评估不仅涉及对方案实施可能性的判断，还包括对方案潜在影响的预测。这要求个体能够综合运用批判性思维、分析性思维和前瞻性思维。个体必须能够在解决方案之间做出合理选择。这不仅是一个简单的决策过程，而是一个涉及价值判断、优先排序和战略考虑的复杂过程。个体在这一过程中可能需要考虑到解决方案的短期效果和长期影响，以及解决方案对不同利益相关者的影响。

（五）探索性

探索性体现了个体在面对看似无序或混乱的信息时，能够通过高度的洞察力和抽象思维能力发现潜在结构和意义的能力。这种能力对于学习研究、创新活动、复杂问题解决等领域尤为重要，它要求个体不仅能够识别和处理表层信息，更能深入信息的内在逻辑和本质，发掘更深层次的知识和规律。当个体面对大量看似无序或不相关的信息时，传统的线性思维模式往往难以奏效，因为它们依赖于明确的逻辑关系和已知的事实框架。而高阶思维的探索性特征要求个体使用更为动态和非线性的方法来接近问题，这包括但不限于模式识别、类比推理和概念整合。

模式识别允许个体在大量数据或信息中识别出重复的元素、趋势或规律。通过识别这些模式，个体可以开始构建对问题的初步理解，即便这些理解最初是不完全或部分的。例如，一个研究人员可能通过观察多个实验的结果，发现某种药物的效果与特定的生理条件相关联，尽管最初这种联系并不明显。类比推理涉及将一个领域的情况或解决方案应用到另一个看似不相关的领域。这种思维方式能够帮助个体跨越不同领域之间的界限，发现新的应用或解决方案。通过类比推理，个体能够利用已知的结构来探索未知的领域，从而在看似无序的信息中找到新的结构和意义。概念整合要求个体能够将来自不同来源的信息和概念合并，形成新的理解或框架。这种整合不仅仅是简单的信息汇总，而是需要个体在更高的抽象层面上重构现有的知识结构，创造出能够解释更广泛现象的新模型。

三、高阶思维培养与高中历史教学的关系

《国家十二五教育规划发展纲要》指出：坚持以人为本、全面实施素质教育。以培养德智体美全面发展的社会主义建设者和接班人为目标坚持德育为先、能力为重、全面发展、面向人人着力提高学生的社会责任感创新精神和实践能力，不断满足经济社会发展对人才的需求和全面提高国民素质的要求。[1]2021年，第十三届全国人大四次会议上通过了"关于国民经济和社会发展第十四个五年规划和2035年远景目标纲要的决议"，其中再次强调了培养德智体美劳全面发展的社会主义建设者和接班人。因此在教育领域尤其是在高中历史教学中，必须注重高阶思维的培养。研究表明，影响个体高阶思维发展的因素包含四个方面的内容：开放性问题情境、探索性对话、建构式互动以及引导式参与，而这些因素在高中历史教学的改革与创新中同样扮演着重要角色，能够有效促进学生在理解历史事件和人物时，发展更深层次的思考和理解能力。通过实施这些教学策略，可以激发学生的思维活动，帮助他们建立批判和创新的思维模式。

---

① 齐永先.转变教学方式是实施素质教育的关键[J].青少年日记（教育教学研究），2016（1）：91.

（一）开放性问题情境

开放性问题情境能够有效地促进学生的认知发展和深层次思维能力的提升。这种情境设计将学生置于需要超越当前认知水平来探索和解决问题的环境中，从而创造了一个充满挑战和潜在学习机会的"最近发展区"。在这种教学模式下，历史教学不仅仅是关于事实的传递，更是关于如何理解、分析和评价这些事实背后的复杂问题和多维度的历史现象。

在传统的教学环境中，学生通常面对的是具有明确答案的问题，这些问题的解决往往依赖于固定的规则和原则。这种类型的问题虽然有助于基础知识的学习和记忆，但往往限制了学生思维的深度和广度，不足以激发他们的批判性思维和创造性思维。相比之下，开放性问题情境放弃了提供明确答案的做法，而是提出那些在现实生活中常见却没有标准答案的复杂问题。这种问题的复杂性和开放性要求学生运用并整合他们的历史知识、批判性分析能力和解决问题的技巧来探索可能的解答。

开放性问题情境的一个核心价值在于它能够促进学生与他人之间的互动交流。在这种教学环境中，学生往往需要与同伴或教师进行讨论和辩论，通过交流不同的观点和想法，他们可以从多个角度理解问题，进而更全面地掌握历史事件的多重解释。这种互动还有助于学生从他人的提示和引导中找到解决问题的线索，使得他们能够将新的问题与已知的信息联系起来，从而促进了知识的整合和内化。开放性问题情境还能够激发学生对自身思维过程的关注，促进他们的元认知能力发展。在解决开放性问题的过程中，学生不仅要关注如何找到问题的答案，更要反思自己的思考方式、决策过程和学习策略。这种自我监控和反思的过程是元认知能力的重要组成部分，对于学生形成自主学习和终身学习的能力具有重要意义。

（二）探索性对话

探索性对话指参与对话的个体"批判性地、建设性地参与彼此的想法"。探索性对话为个体创造了与他人交流思想的机会，为个体的认知发展提供了丰富的刺激，促使个体将外部信息纳入已有的认知结构当中。在历史教学中，它不仅为学生提供了一个丰富的认知发展平台，通过批判性和建设性地交流思想，还激发了学生对历史问题深入思考的能力。这种对话形式强调了多样的观点交换与合理论证，促进了学生间的思想碰撞与知识融合，从而达到推动认知结构解构与重构的教学目的。探索性对话通过引导学生批判性地参与彼此的想法，使得教学过程变得更加动态和互动。这种对话不是简单的信息传递，而是一种深层次的思维活动。教师和学生在这一过程中共同探讨历史事件的多重视角，分析事件的原因和结果，并对历史人物的行为和历史发展的可能性进行评价和推测。通过探索性对话，学生被鼓励表达自己的看法，并为自己的观点提供逻辑上的支持。这种对话形式鼓励学生分享所有与问题相关的信息，每个人都被鼓励发表意见并给出理由。更重要的是，探索性对话支持持不同观点的人提出挑战，这不仅增加了对话的深度，也强化了学生的批判性思维能力。在这种环境中，学生需要学会如何在尊重他人观点的同时，维护并阐述自己的立场。

　　探索性对话的一个核心功能是促进了认知结构的更新。当学生在对话中遇到与自己持不同的观点或不同的问题解决方案时，他们会自发地审视自己的思维并进行深入反思。这种认知的动态调整是学习过程中极为重要的部分，它不仅帮助学生从新的角度看待问题，也可能激发新的思考方式，从而形成新的观点和解决策略。探索性对话在历史教学中的应用也有助于学生更好地理解历史的复杂性和多元性。历史不是单一的线性叙事，而是由众多交织的因素和视角构成的。通过探索性对话，学生可以了解到不同的历史解释和观点，学会在复杂的历史材料中寻找信息，理解不同历史事件和人物之间的联系。

（三）建构式互动

　　个体与能力更强的他人合作时更有可能完成自己独立无法完成的任

务。因此，参与互动的个体在彼此的思维上扩展自己的认知结构而不是只专注于自己的想法时，能够有效地促进高阶思维发展。在历史教学中，建构式互动能够极大地促进学生之间的认知发展和知识共建。这种互动模式基于构建主义学习理论，强调学习是一个社会化的过程，其中个体通过与他人的互动来建构和重塑其认知结构。建构式互动的核心在于它允许学生在与能力更强或更弱的同伴合作中，共同完成那些单独难以完成的任务。这种合作不仅仅是任务完成的过程，更是一种深层次的思维和认知结构的交流与重塑过程。在历史教学的环境中，通过建构式互动，学生能够在讨论历史事件、人物或概念时相互指导，通过对话和讨论，揭示彼此认知中的盲点和漏洞，从而达到共同的理解和知识的深化。例如，在探讨一个具体的历史事件时，能力较强的学生可能会在事实解释、历史资料的分析或历史观点的批判性评价方面提供指导，帮助能力较弱的学生填补知识的空白，增进理解深度。同时，能力较弱的学生在解决问题的过程中向能力较强的同伴求助，也可能激发后者对已知知识的新的思考，这种过程有助于双方在原有知识的基础上实现更高层次的认知发展。

建构式互动的有效性也在于其促进学生在个人的想法（即旧知识）和他人的观点（即新知识）之间建立连接和对应关系的能力。这一点在历史教学中尤为重要，因为历史知识往往是多源性和多解性的。通过与他人的互动，学生不仅能学习到不同的历史解读，还能通过比较和对比不同观点，培养自己的批判性思维和综合性思考能力。建构式互动还强调了过程的重要性。在这一过程中，学生被鼓励持续地分析、反思已有知识，并在此基础上进行调整和改进。这种持续的思维活动是高阶思维特征的体现，它不仅仅是对知识的简单接受，而是一个动态的、生成性的认知活动。

在实际教学中实施建构式互动，教师可以设计多种形式的活动，如小组讨论、角色扮演、辩论等，这些活动可以激发学生的主动参与和深

入思考。通过这些教学策略，学生的历史思维能力和历史认知能力将得
到显著提升，从而有效地培养他们的高阶思维能力。

（四）引导式参与

引导式参与有助于个体在其实际发展水平有限的情况下进行更高层
次的知识建构。在历史教学中，它通过教师的有意识引导和指导，极大
地促进了学生的认知和思维能力的发展。这种参与方式不仅帮助学生在
其实际的发展水平之上达到更高层次的知识建构，还增强了他们在学习
过程中的主动性和参与度。在引导式参与的教学过程中，教师不是简单
地传授知识，而是通过提问、挑战学生的观点、引导学生进行反思和讨
论，激发学生的思考和问题解决能力。这种教学策略特别适用于历史教
学，因为历史学科本身就涉及对事件、人物和趋势的多角度理解和分析。

第一，引导式参与强调教师与学生之间的互动。在历史教学中，教
师通过精心设计的问题激发学生的好奇心和探索欲，引导学生从已知的
历史知识出发，探索更深层次的历史原因和影响。通过这种方式，教师
鼓励学生提出自己的见解，参与历史解释和评价的过程。

第二，教师通过适当引导帮助学生识别和修正思维过程中的漏洞和不
足。在探讨历史事件时，教师可能会挑战学生的初步看法，要求他们提供
更多的证据或更深入的分析来支持自己的观点。这种挑战不仅促使学生加
深对历史材料的理解，也帮助他们学会如何建立和维护基于证据的论证。

第三，引导式参与促进了学生之间的对话和协作。在解决历史问题
的过程中，学生需要与同伴讨论、交换观点，共同寻找问题的答案。这
种协作过程不仅增加了学生对历史知识的理解和记忆，还锻炼了他们的
社交和沟通技能。

第四，引导式参与鼓励学生关注解决问题的一般性原则和可迁移的
规则。这意味着学生在学习历史时不仅仅是记忆特定的事实和日期，而
是理解历史事件背后的更广泛原则，例如政治冲突、经济变化、社会动

态等。这种对一般性原则的理解是高阶思维的关键，因为它使学生能够将在历史学习中获得的知识应用于解决现实世界中的问题。

第二节　微项目教学概述

一、微项目教学的相关理论基础

（一）实用主义理论

美国著名教育学家杜威的"从做中学"教育理念提倡的是让学生在自己动手做的过程当中学习，即在实践当中学习。[①] 杜威的实用主义理论强调教育的核心是学生而非教师或教材，这种以学生为中心的教育观点，认为教育应该重视学生的人格发展。在杜威看来，教育过程应当是学生主动探究和实践的过程，而非被动接受知识的过程。他认为学生的学习应当建立在对其兴趣和需求的基础之上，并通过实际操作和解决问题来学习，这样不仅能够激发学生的学习兴趣，还能够提高他们解决实际问题的能力。这一理念正是微项目教学的理论基础之一。

在杜威的实用主义教育理论的指导下，教学过程不再是简单的知识传授，而是变成了一种富有探究性和实践性的学习。在这种教学模式下，学生不仅是知识的接受者，更是知识的探索者和创造者。通过参与具体的微项目实践活动，学生可以在实际操作中深化对历史知识的理解和应用，同时也能够发展其批判性思维和创新能力。杜威的教育理论还强调教师的角色应当是指导者和协助者，而非权威的知识传授者，要有意识地将课堂交给学生，让学生"从做中学"，使其在掌握历史知识的同时提

---

① 张玉红.杜威的"从做中学"教育理念在小学英语教学当中的应用 [J].语文学刊（外语教育教学），2014（11）：164.

升学科核心素养。在微项目教学中，教师的任务是创造一个支持学生自主学习和探究的环境，帮助学生确定学习目标，提供必要的资源和支持，同时在学生遇到困难时给予适当的指导。这样的教学策略有助于培养学生的自主学习能力和责任感，使他们能够在学习过程中发挥主体作用。

（二）建构主义理论

建构主义最早的提出者是瑞士著名心理学家皮亚杰。他坚持用内因，外因相互作用的观点来研究学生的认知发展，认为学生是在与周围环境相互作用过程中逐步建构起关于外部世界的认知，从而使自身认知结构得到发展的。[①]建构主义强调学习是一个主动的、建构的过程，这意味着学生不是简单地从教师那里接收知识，而是需要通过自己的努力和实际操作来理解和吸收新信息。在微项目教学中，这一理念体现得尤为明显，学生被鼓励在探索和实践中发现问题、提出假设、测试解决方案并最终形成自己的理解和知识结构。这种学习方式使学生能够在解决具体问题的过程中深入理解概念和原理，从而实现知识的真正内化。建构主义还强调学习是在特定情境中发生的意义建构过程。微项目教学充分利用这一点，通过创设与真实世界紧密相关的学习情境，使学生能够在实际环境中应用理论知识。这种情境学习不仅增强了学习的现实意义，还有助于学生更好地理解知识的应用场景和价值，提高其解决实际问题的能力。

微项目教学基于建构主义，强调在真实情境下建立问题和已有知识之间的联系，学生通过合作、探究的方式来解决问题、获取知识。在微项目教学中，学生通常需要在小组内合作，共同完成项目任务。这种合作不仅仅是分担工作，更重要的是通过交流和讨论，使每个成员都能在他人的帮助下更好地构建和理解知识。这种互助合作的过程有利于学生从不同的角度理解问题，并促进思想的多样化和深入。

---

① 左娅.略论建构主义课堂教学设计策略 [J].科学咨询，2013（29）：1.

（三）多元智能理论

美国心理学家霍华德·加德纳认为人类的智力是以组合形式存在的，除了数理和言语智力外，还应包括如视觉空间，音乐节奏，身体运动等7种智力，这便是多元智力理论。[①] 该理论认为教师应全面关注学生的各种类型智能，为此创建适宜的学习环境，并采用灵活的教学策略来开发学生的多种智能。在实施历史微项目教学时，教师利用多元智能理论来创设不同的学习情境，旨在激发学生的学习兴趣和潜能，让学生从不同的角度和方式接触历史知识，从而更全面地理解和吸收历史事件和人物。这种教学方法不仅有助于学生在认知上获得知识，更重要的是通过实践活动提高学生的综合能力，如团队合作、问题解决等。

多元智能理论还指导教师在评估学生学习成果时采用多样化的方式。这种评价方法不再仅仅依赖传统的书面考试，而是包括项目报告、口头展示、创意作品等多种形式，更加全面地反映学生的学习进展和实际能力。这种评估方式的多样性，确保了能够公正地评价每个学生的多方面才能，真正做到因材施教。

二、微项目教学的内涵与特点

（一）微项目教学的内涵

微项目教学是一种创新的教学模式，它源自项目式学习但在形式和实施上进行了有效的简化和调整，使其更适合快节奏和多样化的教学需求。微项目教学的设计理念主要是将复杂的项目任务细化和简化，使其变得更具可操作性，并且容易在短时间内实施完成。在微项目教学的结构中，每个微项目都被定义为一个具有明确目标和具体任务的学习单元。这

---

① 郁晓冬．加德纳多元智力理论下的历史教学 [J].中学历史教学，2016（10）：24.

些项目不仅目标明确，而且任务具体，可操作性强，使得教学过程中的目标更加清晰，学生的学习活动更为集中。这种教学模式的实施通常依赖于清晰的行动逻辑，每个步骤都旨在推动学生朝着学习目标前进，从而保证教学过程的效率和效果。微项目教学的核心在"微"，即将复杂的项目拆分为较小的、易于管理的单元。这种策略不仅简化了教学的复杂性，还增加了教学的灵活性，使得教师能够根据学生的具体需求和实际情况灵活调整教学计划。每个微项目都设计得精致而有趣，通常可以在几个课时内完成，这大大降低了学生的学习负担，同时增加了学习的动态性和参与感。

微项目教学的实施通常采用小组合作的方式，这种方式不仅促进了学生之间的互动和合作，还有助于学生从同伴那里学习到不同的观点和解决问题的方法。通过小组合作，学生可以在真实的问题情境中共同探索问题，共同寻找解决方案，这种过程不仅可以深化学生对知识的理解，还可以培养他们的合作精神和创新意识。微项目教学强调在真实的问题情境中进行学习。这种基于问题的学习策略使学生能够将课堂上学到的理论知识应用于实际问题的解决中，通过这种应用实践，学生能够更好地理解知识的实用价值，并培养其问题解决能力。同时，这种教学方式还鼓励学生进行深度思考，通过反思自己的学习过程和思维方式，学生可以更好地理解知识，形成更加成熟的思维模式。

（二）微项目教学的特点

1. 自主性

微项目教学强调学习者在教育过程中的主动参与和自我驱动。这种教学方法赋予学生更多的自主权，允许他们根据个人的兴趣和需求来选择学习项目。自主性不仅增强了教学的个性化和针对性，而且极大地激发了学生的学习动机，从而促进了更深层次的认知和技能发展。

在微项目教学中，自主性体现在以下两个方面：一是学习过程的自我驱动。微项目教学通过设置开放的学习环境，鼓励学生自行探索问题、寻找资源并制定解决方案。在这一过程中，教师的角色转变为辅导者和引导者，而学生是学习的主体。学生需要自主管理自己的学习进度，自行判断信息的相关性和可靠性，自主决定合作伙伴及合作方式。这种自我驱动的学习方式要求学生具备自主学习的能力，包括时间管理能力、资源整合能力和自我评估能力。二是学习结果的自我反馈和调整。学生在项目实施过程中不断检视和评价自己的学习策略和方法，根据实际情况进行调整和优化。这种自我反馈机制使学生能够在实践中学习如何进行有效地学习和问题解决，同时也培养了学生的批判性思维和解决问题的能力。

在微项目教学中，学生不再是被动的知识接受者，而是变成了主动的问题探索者和解决者。通过在真实世界中应用所学知识解决实际问题，学生不仅能够加深对知识的理解和掌握，还能够在实际操作中培养出创新思维和团队协作能力。

2. 灵活性

微项目教学的灵活性体现在教学过程的个性化和适应性上，具体如图 1-2 所示。

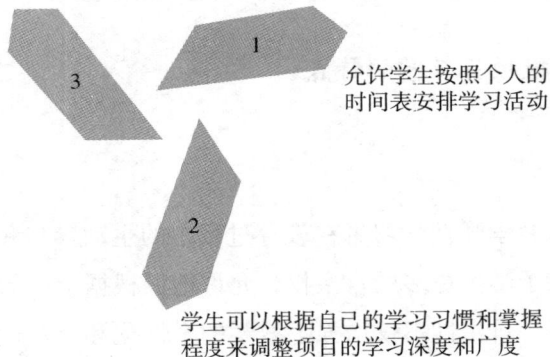

图 1-2 微项目教学的灵活性体现

教学设计的灵活性

1 允许学生按照个人的时间表安排学习活动

2 学生可以根据自己的学习习惯和掌握程度来调整项目的学习深度和广度

微项目教学允许根据学生自己的能力和学习风格来调整和优化学习计划。通过这种方式，微项目教学不仅回应了教育领域中对多样性和包容性的需求，还有效地提高了教学的实用性和有效性。微项目教学在学习节奏和进度上的灵活性，满足了不同学习风格和学习速度的学生需求。学生可以根据自己的学习习惯和掌握程度来调整项目的学习深度和广度。例如，对于快速掌握新知识的学生，他们可以迅速通过项目的基础部分，投入更多时间在项目的深入研究或创新实践上。而对于需要更多时间来理解和吸收知识的学生，微项目教学同样提供了足够的空间，让他们在不感受到过大压力的情况下，逐步深入学习。微项目教学的灵活性还体现在对学科不同内容的适应性上。教师可以根据学科特点和学习目标，设计多样化的微项目，既可以是科学实验，也可以是史料研究，抑或是艺术创作。每个项目都能精准对接历史学科需求，同时为学生提供广泛的选择，使他们能够在最感兴趣的方面发展自己的能力和潜力。

3. 合作性

微项目学习以合作学习为主，分工明确。[1] 微项目教学的合作性强调每个学生的参与和贡献，需要学生们在小组内进行明确的分工与合作。这种模式要求学生在开始项目前就明确各自的角色和责任，如信息搜集者、分析者、报告撰写者等，确保每个成员都有具体的任务和明确的贡献。通过这种方式，学生可以在实际的学习过程中学习如何在团队中发挥作用，以及如何通过团队合作来实现共同的学习目标。在面对具有挑战性的历史项目时，学生们需要共同讨论问题，提出并评估不同的解决方案，这不仅需要他们具备良好的沟通技巧，还需要他们能够听取并尊重彼此的意见。有效的沟通还包括能够清晰地表达自己的观点和提供有

---

① 戴佳欣.高中历史微项目学习研究：以《中外历史纲要（上）》第六课和第七课为例 [D].青岛大学，2023：11.

建设性的反馈，这对于确保团队内的和谐及项目的顺利进行至关重要。

微项目教学的合作性还体现在对学生计划能力的培养上。学生们不仅要在教师的引导下自行计划和组织学习活动，还需要管理项目的进度和时间，确保项目能够按时完成。这种项目管理经验是学生职业生涯中不可或缺的一部分，微项目通过这种实践学习的方式，使学生能够在学校环境中预演未来可能遇到的各种工作场景。

4. 效果显著

微项目教学的效果显著性不仅体现在项目完成的速度和效率上，更体现在它对学生学习动力、心理感受和能力提升的深远影响上。这种教学模式通过其独特的设计和实施方式，极大地激发了学生的学习潜力，提高了教学的整体效果。

第一，微项目教学通过设定短周期和适中难度的项目，使学生能够在较短时间内完成学习任务。这种设计减少了传统项目可能带来的拖延和疲劳感，学生可以在集中的时间内投入具体任务中，迅速看到学习成果。短周期的项目安排使学习过程更加紧凑，学生的注意力和努力可以在一个连续的时间段内得到有效利用，从而避免了长期项目中可能出现的注意力分散和动力下降的问题。

第二，快速反馈机制是微项目教学效果显著的关键因素之一。在微项目教学中，学生的每一个行动和决策都可以很快得到结果，这种即时反馈极大增强了学生的成就感和满足感。例如，学生在完成一个设计任务后，可以立即看到自己的作品或实验结果，这种直观的成果展示使学生能够直接体验到自己努力的价值，从而提升了学习的积极性和自我效能感。

第三，迅速见效的教学模式对学生产生了显著的激励作用。当学生看到自己的努力能够迅速转化为实际成果时，他们的学习热情会得到显著提升。这种积极的心理反馈循环促进学生更加主动地参与后续的学习活动，加快了教学目标的实现。学生在完成一个项目后获得的成功感和自信，会驱使他们在面对新的学习挑战时展现出更高的热情和更强的探索精神。

5. 成果展示方式的多样性

多样化的展示方式能够满足不同学生的表达习惯和特长，使每位学生都能以最适合自己的方式展示学习成果，从而最大化地激发学生的创造力和参与感。在传统的教学模式中，学生的学习成果往往通过统一的考试或者书面报告来评估。这种单一的评价方式可能无法全面反映学生的学习过程和实际能力，特别是对于那些口头表达能力强或者在其他非传统学习领域有才华的学生而言，可能不足以展示他们的全部潜力。微项目教学通过提供多样的展示方式，允许学生根据自身的特点和兴趣选择最合适的表达形式，无论是口头还是书面，视觉还是听觉，都能找到适合自己的展示途径。例如，对于那些擅长口头表达的学生，可以选择通过上台演讲的形式展示自己的项目成果。这种展示方式不仅能够锻炼学生的公共演讲能力，还可以增强他们的自信心和说服力。对于善于书面表达的学生，撰写小论文或研究报告则是展示学习成果的理想方式，学生可以通过严谨的文献研究和论述分析，展现自己的研究能力和批判思维。办手抄报或制作海报等视觉艺术形式的展示，对于那些具有艺术天赋或者喜欢视觉表达的学生而言，是展示创意和艺术才能的绝佳平台。通过这种方式，学生可以将复杂的历史事件、科学概念或文学作品用图形、色彩和布局等元素创造性地呈现出来，不仅能够吸引观众的注意，还能以非传统的形式深化观众对主题的理解。

多样化的展示方式不仅是对学生学习成果的全面展示，也是对他们学习过程的一种有效反馈。通过不同的展示方式，教师可以更全面地了解每位学生在项目中的参与程度、理解深度以及创新能力，从而更精准地进行教学指导和能力评估。这种展示方式也有利于促进班级内的交流与互动，学生通过观看同伴的成果展示，可以相互学习、启发思考，从而形成良好的学习氛围和集体合作精神。

三、微项目教学与其他学习模式

（一）微项目教学与微课

微课（Microlecture）是教育信息化的重要标志之一，它以知识信息密度较高的短视频或课件形式呈现，引发了传统课程教学生态的巨大嬗变。[①]微课主要利用短小精简的教学视频作为载体，针对特定的知识点或教学环节进行设计和开发。这种网络视频课程的核心特点在于其教学时间的高度压缩、主题的明确突出以及内容的极致精简。微课通常情景化地展示，通过模拟实际应用场景或提供实际操作指导，使学习变得更加直观和具体。

微项目学习是基于项目式学习发展而来，融合了微课的短小精简特性，微项目教学与微课的异同比较如表1-1所示。

表1-1　微项目教学与微课的异同比较

	相同点	不同点
微项目教学	教学时间短、主题明确	1.以学生为主题，强调学生的"直接参与"； 2.微项目学习时长一般在1—2个学时； 3.以小组合作的方式进行学习
微课		1.情景化基础上的视频网络课程，非学生"直接参与"； 2.课程时间在10分钟左右； 3.学生听课不受时间地点的限制，强调个人的灵活性

---

① 付龙云.浅析高校英语信息化教学改革与微课教学模式：评《高校英语信息化教学改革与微课教学模式探究》[J].科技管理研究，2023，43（15）：261.

（二）微项目学习与主题式学习

主题式学习是指学生围绕一个经过结构化的主题进行学习的一种学习方式。它强调以问题为中心。[①] 主题式学习以特定的"主题"为核心，跨越传统学科界限，实现不同学科知识的整合。这种方法不仅促进了教育资源的整合，也推动了教育的全面发展。微项目教学与主题式学习既有区别又有联系，具体如表 1-2 所示。

表 1-2　微项目教学与主题式学习的异同比较

	相同点	不同点
微项目教学	立足于某一具体的知识点；通过学生的自主探究来完成学习	在项目设计前期就基于真实的问题为学生创设情境，需要学生利用自身已有的多学科知识和高效率的信息搜集能力来解决真实的问题，建构起属于自己的知识体系
主题式学习		以主题为基础的学习，并未基于真实的问题情境

（三）微项目教学与探究式学习

探究式学习是指在教师的指导下，通过自主参与而获得知识的过程；并提高教学能力，进而培养学生探索未知世界的积极态度。[②] 探究式学习强调两个核心要素：一是教师的指导至关重要，他们不仅提供必要的知识框架和指导思路，还激发学生的探索兴趣和问题解决意愿。二是在教师的引导下，学生进行自主探究，通过主动学习来发现问题、提出假设、测试并得出结论。这种方法鼓励学生发挥主观能动性，深入探索学习内容，培养独立思考和批判性分析的能力，最终建立起坚实的知识体系和

---

① 黄映玲.建构网络环境下的主题式学习 [J].中小学信息技术教育,2006（3）:3.
② 范晓鹏.探究式学习在物理教学中的重要性 [J].高中生学习（师者）,2014(2): 102.

解决问题的实践技能。微项目教学与探究式学习各自有其侧重点，二者异同比较图表 1-3 所示。

表 1-3　微项目教学与探究式学习异同点比较

	相同点	不同点
微项目教学	强调学生的主动学习；倡导"做中学"	1.问题大多在学习中生成； 2.设置学生感兴趣的问题； 3.问题是由师生合作提出
探究式学习		学习的问题大多由教材直接给出或由教师提出

第三节　微项目教学的适切性分析

一、有利于落实历史学科核心素养的培养要求

　　历史学科的核心素养不仅包括对历史知识的掌握，更重要的是通过历史学习培养学生的批判性思维、问题解决能力和自主学习能力。微项目教学通过其精心设计的项目活动，有效地促进了这些能力的发展，从而满足了现代历史教育的核心要求。这种基于问题的学习方法能够激发学生的学习兴趣和探究欲望，使他们在寻求问题答案的过程中主动地寻找信息、分析问题并提出解决方案。这种教学模式强调学生的主体地位，要求学生在教师的指导下自主探索，不仅有助于学生对历史知识的深入理解，还促进了学生批判性和创造性思维能力的发展。微项目教学的挑战性和实践性特点能够充分调动学生的积极性，促进其主动学习和自我发展。通过参与具有挑战性的微项目，学生能够在解决问题的过程中发现自己的潜力，增强自信心，同时也锻炼了他们的独立思考和团队协作能力。这种教学策略不仅提高了学生的学习效率，还有助于培养他们面对未知和复杂情境时的应变能力。

微项目教学通过任务驱动的方式，促进学生综合运用所学知识解决实际问题。在历史学科中，这种方法特别适用于处理复杂的历史事件、人物评价和时代变迁等主题。学生需要在完成项目的过程中，综合利用历史地理、政治、经济等多学科知识，进行跨学科的思维和应用。这种综合性的学习方式有助于学生构建系统的知识体系，提高他们解决复杂问题的能力。在历史教学中应用微项目教学，教师可以根据学生的认知特点和学习需求设计不同的学习项目，使教学内容和教学方法更加个性化，更符合学生的实际情况。这种教学模式不仅能提高课堂教学质量，还能提升学生的历史学科学习兴趣和综合素质。

二、有助于转变学生学习方式，提升探究能力

微项目教学通过其设计精巧的项目和强调实践的教学理念，有效地转变了学生的学习方式，从被动接受知识向主动探究知识转变。这种转变不仅提升了学生的历史探究能力，也培养了他们的综合思维能力和实际操作能力。在传统的高中历史教学中，讲授式教学占据主导地位，学生通常处于被动接受的位置，这种学习方式往往使学生的学习仅限于对事实的记忆和基本概念的理解。这种浅层次的学习难以激发学生的深入思考和创新能力，也不利于学生将所学知识应用于复杂的历史分析和实际问题解决中。长期的被动学习模式可能导致学生对学习失去兴趣，缺乏主动探究的动力，从而影响整体学习效果。微项目教学的实施为这一局面的改变提供了有效的解决方案。通过设定具体的、以项目为导向的学习任务，微项目教学要求学生积极参与每一个学习阶段，从项目设计到实施，再到结果评估，学生都需要动用自己的知识、技能和创造力来完成任务。这种教学模式不仅使学习过程更加生动有趣，更重要的是它强调了学生的主体地位，使学生真正成为学习的主人。

在微项目的学习过程中，学生需要自主收集和分析信息，对历史事件进行深入探讨，并提出自己的见解和解决方案。这种探究式学习模式

使学生必须调查多个角度的历史解释，仔细分析每种解释所依据的历史事实和存在的局限性，从而能够更加全面和客观地理解历史事件。

例如，学生可能需要调查某一历史事件的多种解释，分析各种解释的依据和局限性，最终形成自己的判断。在这个过程中，学生学会如何鉴别信息的可靠性，如何有效整合不同来源的数据，并学会用批判的眼光审视各种历史说法。通过这样的学习活动，学生能够在实际操作中锻炼自己的逻辑思维能力，学习如何构建基于证据的论证，最终形成自己独立的见解和解决方案。这种深度的历史探究也有助于学生发展对历史的深刻见解和更高层次的思考能力，从而更好地理解历史的复杂性和多样性。

三、有益于培养合作意识，营造学习氛围

微项目教学通过其小组合作的方式，不仅促进了知识和技能的学习，还强化了学生间的合作互动、团队协作和集体责任感，并营造了积极、健康的学习氛围。这种教学策略不仅优化了学习过程，也为学生的全面发展提供了坚实的基础。

第一，微项目教学通过要求学生在小组中合作完成项目任务，有效地培养了他们的合作意识。在这种教学模式下，每个学生都被赋予特定的角色和责任，需要在小组内部进行有效地沟通和协作以达成共同的学习目标。这种合作过程要求学生不仅分享信息和资源，还需要学会倾听他人的意见和建议，学会如何在团队中发挥自己的作用，同时尊重和支持其他成员的贡献。这样的教学安排使得学生在实际操作中体验团队合作的力量，理解协作对于解决复杂问题的重要性。

第二，微项目教学有利于学习氛围的改善。学生通过小组合作探索新知识与解决问题，这种模式极大地增强了学习的互动性和合作性。当学生在团队中共同努力并达成目标时，他们往往会体验到显著的学习乐趣和成就感。这种积极的学习体验对于营造健康的学习氛围至关重要，

因为它不仅激发了学生的学习兴趣和自驱力，还增强了他们对学习活动的投入和热情。团队成员间的有效沟通和协作不仅有助于解决学习上的问题，更促进了社交技能和团队精神的发展。成功的合作经验可以增强学生的集体归属感和荣誉感，进而使班集体成为一个更加团结和协作的学习共同体。因此，微项目教学通过其团队合作的教学机制，不仅提升了个体的学习能力，也显著改善了整体的学习氛围，使学习过程更加生动和富有成效。

　　第三，微项目教学模式强调了每位学生在教学活动中的主体性和参与感，通过结构化的设计和明确的目标确保了项目中每位成员的积极作用。在这一教学框架下，学生不仅承担特定的任务，更在过程中体验到成就感和责任感，这对于提升学生的自我效能感和自信心至关重要。小组长的角色则是协调和统筹整个团队的活动，确保任务的高效完成。这种协调不仅优化了项目的执行效率，也强化了团队成员之间的信任和合作，每位成员都能明显感受到自己在团队中的价值和重要性。这种全员参与和协作的教学模式不仅促进了学生在专业技能上的成长，还显著提升了他们的社交技能和团队协作能力。

第二章　高中历史微项目教学设计

第一节　微项目教学的设计原则

一、选择性与真实性原则

（一）选择性原则

微项目教学给予学习者多元化的自主选择权，以促进个性化和自主化学习，而非强制性地指定任务。这一原则是基于认识到学生的需求、兴趣和学习风格的多样性，旨在通过提供多样的学习选项来满足不同学生的特定需求，从而增强学习的有效性和吸引力。在高中历史微项目教学中，选择性原则体现在教师设计的教学方案中，教师提供一系列围绕核心教学目标的微项目选项。这些项目不是随意选定的，而是经过精心设计，旨在覆盖广泛的主题和活动，使所有学生都能找到符合自己兴趣和学习需求的项目。这样的安排使学生可以根据自己的兴趣和学习风格选择最合适的方式进行学习。

选择性原则的实施，鼓励学生发挥主动性和自主性，学生不是被动接受教师分配的任务，而是根据自己的偏好和学习目标作出选择。这种方法不仅能够提升学生的学习动机，还有助于学生发展决策能力和自我管理能力。通过自主选择学习项目，学生能够对自己的学习过程负责，这种责任感是学生发展自我驱动学习的关键。选择性原则还促进了学生个性化学习路径的形成。在不同的学习阶段，学生可以根据自己的进展和兴趣调整学习重点，教师也可以根据学生的选择提供个性化的指导和支持。这种灵活性是传统教育模式难以实现的，它有助于培养学生的创造力和解决问题的能力等高阶思维能力，使学习更加贴合个人的成长需求。

（二）真实性原则

在微项目的设计环节中，教师要设法将学生带入历史情境中去开展学习活动，确保学生的学习体验接近历史真实，从而提高学生的学习效果和学科兴趣。考虑到历史的学科特点，历史学科微项目的设计应基于真实的历史事件和可靠的史料。教师在设计微项目时，需要从真实的历史史料出发，构建符合历史事实的学习情境，使学生能够在接触到的每一个历史片段中感受到历史的真实性。这种基于真实史料的教学设计不仅可以增加学生对历史学科的信任感，还可以提升他们分析和解释历史的能力。

真实性原则还强调将学习目标与历史情境相融合。这意味着在设计微项目时，教师需要将学习目标巧妙地植入创建的历史情境中，使学生在解决历史问题的过程中达成预定的学习目标。例如，可以设置一些关键问题引导学生进行探索，如探讨某个重大历史事件的原因和影响，或分析历史人物的决策与其时代背景的关系。通过这样的问题设置，学生不仅能够在真实的历史背景下思考和学习，还能通过解决实际问题来深化对历史知识的理解和应用。将学习问题置于真实的历史情境中，不仅有助于激发学生学习历史的兴趣，还能帮助他们发展历史思维。历史思维包括批判性思考、历史解释以及对历史证据的评估等能力。通过真实性原则的应用，学生被引导在真实的、复杂的历史语境中发现问题、分析问题并提出解决方案，这种探究过程有助于学生理解历史的复杂性和多维性，同时培养他们的批判性思维能力和解决问题的能力。

二、目标性原则

课程教学目标是策划教学微项目的关键依据，设计微项目应紧紧围绕教学目标，确保每个项目都能有效地对接学生的学习需求，同时促进学生对新知识的掌握和旧知识的巩固。

第一，目标性原则强调教学设计必须围绕具体的教学目标展开。这意味着，每一个微项目不仅要设计得具体、有针对性，而且要确保其内容与教学目标紧密相关。在实际操作中，教师需要识别和定义每个微项目的核心目标，这些目标应是具体可测量的，并且直接对应学生在学科学习上的具体需求。例如，如果教学目标是让学生理解历史事件的因果关系，那么相应的微项目应设计为让学生通过研究特定事件来识别和分析这些因果关系。

第二，目标性原则要求微项目的设计既要考虑学生已有的知识和技能，也要引入新的学习元素。这种设计策略有助于构建知识之间的桥梁，使学生可以在现有知识基础上更好地吸收新知识。微项目应通过精心设计的活动，使学生在完成既定目标的同时，能够自然地将已掌握的知识与新接触的知识结合起来，从而实现知识的垂直整合和水平扩展。

第三，目标性原则也强调微项目的结构要完整。即使是围绕单一小点设计的项目，也需要有开始、中间和结束的完整结构，确保学生可以通过参与项目从头到尾的过程，实现从问题识别到问题解决的全过程学习。这种结构化的设计不仅有助于提升学生的学习效率，更能增强学生对学习活动的参与感和成就感。

三、可行性原则

微项目教学设计的可行性原则要求教师在设计项目时充分考虑实施的可能性，确保教学活动既符合教育标准，又能在有限的时间和资源条件下有效完成。可行性原则强调项目的实际操作性,从而使学习过程不仅理论上可行,而且实践中也能顺利执行。根据可行性原则,微项目的设计应以课程标准为基础,确保所有教学活动都与教育目标和学术要求保持一致。这一点是项目设计的前提,它确保了教学内容的合规性和科学性。通过与课程标准的对齐,微项目不仅可以更好地服务于教育大纲的要求,还可以确保学生通过参与项目获得的学习成果能够得到官方认可和社会认同。

可行性原则要求项目应具有具体性和操作性。这意味着项目的设计应从"小、短、窄"的题目开始,这种方法可以使项目更加集中和专注,学生可以在短时间内深入探讨一个具体问题,而不是泛泛而谈。例如,在历史学科中,可以设计一个关于特定历史事件的微项目,而不是覆盖整个历史时期的宽泛项目。这样的设计不仅有助于提高学生的学习效率,还能够使学生在有限的时间内完成深度学习,掌握核心概念和技能。在项目开始阶段,教师需要制定详细的实施计划,包括时间安排、资源分配和具体步骤。这种计划应考虑到学生的实际学习能力和可用资源,确保学生能在规定时间内完成项目任务。为此,教师需要安排充裕的时间让学生通过自主学习和小组协作逐步完成项目,同时也要为学生提供必要的支持和指导。

可行性原则促使教师在设计和实施微项目时考虑到学习的简便性和效率。通过精心设计的项目,学生可以在简化的学习过程中达成学习目标,既保证了学习的深度,也提高了学习的效率。这种设计理念有助于消除学生在学习过程中可能遇到的障碍,使学习变得更加流畅和愉快。

四、趣味性与探究性原则

(一)趣味性原则

趣味性原则强调选择符合学生兴趣的学习项目。兴趣是学习的最好催化剂，当学生对某个学习主题感兴趣时，他们更可能投入大量时间和精力，展示出更高的学习动力。因此，微项目的选题和设计应充分考虑学生的兴趣爱好和热点话题，确保学习内容能引起学生的好奇心和探索欲。例如，在设计历史微项目时，教师可以选择与学生生活经验相关或当前热门的历史事件，如探索历史上的未解之谜或历史人物的争议性评价，这样的项目更容易吸引学生的注意力和兴趣。

趣味性原则要求采用合适的学习方式来增加学习的互动性和参与感。教育活动应不拘一格，可以通过游戏、模拟、竞赛等多种形式进行，使学习过程不再是单向的知识传授，而是变成一种互动和体验的过程。例如，微项目可以设计为角色扮演游戏，让学生扮演不同的历史角色，通过角色扮演来深入探讨历史事件，这种方式不仅能够提高学生的参与度，还能够帮助他们更好地理解历史人物的行为动机和历史背景。

创造良好的学习环境和氛围也是趣味性原则的重要组成部分。学习环境应鼓励创造性思维和自由表达，教室布置应富有启发性和舒适性，学习氛围应开放包容，支持学生之间的讨论和交流。良好的学习环境不仅能够减少学生的学习压力，还能增加他们对学习活动的满意度和忠诚度。

（二）探究性原则

历史微项目学习通过设置驱动型问题逐步引发学生对于微项目核心内容的思考和探索。探究性原则强调通过精心设计的驱动型任务，引导学生深入探讨和思考微项目的核心内容，从而促进学生的历史认知和思维能力的发展。探究性原则不仅仅是让学生获取事实知识，更重要的是通过开放性和具有挑战性的学习任务，激发学生的思考、探索和解决问题的能力。

探究性原则要求教师在设计微项目时，确保驱动型任务能够明确项目的核心主题。这意味着任务应详细阐述微项目的主题内容，明确其内涵与外延，确保学生能够通过任务的完成深入理解主题的多维度和复杂性。例如，在一个关于法国大革命的微项目中，驱动型任务可以要求学生探讨革命的社会、政治和经济影响，学生不仅需要探讨这些变化如何共同推动了革命的发生，还应考察这场革命如何影响了法国乃至全欧洲的历史轨迹。通过对这些复杂问题的研究和讨论，学生可以更深刻地理解法国大革命不仅仅是一个历史事件，而是一个多维度的历史现象，其影响延伸至政治、经济、社会等多个层面。此类探究性任务还促使学生发展批判性思维和分析能力，使他们能够从多个角度审视历史事件，提升他们的历史思维和综合评价能力。

　　探究性原则强调任务的设置应针对学生在历史认知和历史思维上的弱点和盲点。通过设计能够触及这些弱点的任务，教师能够有效地帮助学生识别和克服他们在历史学习中的障碍，进而提高他们的历史理解能力。这种教学策略不仅有助于学生加深对已学知识的理解和记忆，更重要的是，它激发学生在新的学习环境中应用这些知识，发展他们的批判性思维能力。例如，如果学生在理解某个历史时期的经济政策上存在困难，教师可以设计任务，要求学生分析该政策的起源、实施过程及其对社会的具体影响。通过这样的探究任务，学生不仅能够克服对经济历史的理解障碍，还能够学习如何评估历史事件的多方影响，从而全面提升其历史分析和评价能力。这种对学生弱点的直接挑战和支持，有效促进了他们在复杂历史问题上的深层次思考和独立判断力的形成。

　　探究性原则要求驱动型任务具有高度的开放性和挑战性。开放性任务允许学生从多个角度和维度探索历史问题，鼓励他们提出自己的见解和解决方案。挑战性任务则通过设置复杂的问题情境，增加学生的认知冲突，迫使他们进行深入地思考和讨论。这种认知的挑战和冲突是推动学生学习深化的关键，能激发学生的好奇心和探索欲，促使他们在解决实际问题的过程中应用历史思维和方法。

　　探究性原则倡导"做中学"的学习模式，强调通过实际操作和实践活动来学习历史。这种模式认为知识的获取和技能的发展应通过实际参与和体验来实现。在微项目教学中，学生通过参与历史调查、数据分析等多种活动，不仅能够活用历史知识，还能在真实或模拟的历史情境中增强自己的历史意识和责任感。

五、可评价性原则

项目成果是衡量微项目学习是否达标的直接内容，它能直接反映出学生的能力素养水平层次。在微项目教学中，项目成果的评价通常涉及多个层面，包括学生的知识掌握、思维能力、问题解决技能以及创新能力等。评价的目的不仅是确定学生是否达到预定的学习目标，更是激发学生的批判性思维，引导他们进行深入地学习和反思。这种评价方法可以被视为一种反思性评价，即通过反思和评估学习过程和成果来优化未来的学习活动。具体而言，可评价性原则要求教师在设计微项目时就明确设定可量化和可观察的评价标准。这些标准应与项目的教学目标紧密相关，并能够全面反映学生在项目中的表现。例如，在一个关于中世纪欧洲历史的微项目中，评价标准可能包括学生对关键历史事件的理解程度、对历史文献的分析能力以及在模拟活动中的表现等。

为了实现"以评促学、以评促思"的目标，评价过程应包括自我评价、同伴评价和教师评价等多种形式。自我评价鼓励学生反思自己的学习过程和成果，识别自己的强项和待改进的地方；同伴评价促进学生之间的互动和反馈，帮助他们从不同的视角审视自己的工作；教师评价则提供专业的指导和反馈，帮助学生深化理解和改进学习策略。

第二节　微项目教学的情境设计

一、故事情境设计

故事情境设计在高中历史微项目教学中占有重要地位，是连接教学内容与学生认知的重要桥梁。通过将枯燥的历史知识融入具体的故事情境中，这种设计策略不仅增强了学习材料的吸引力，还极大地提升了学生的学习动机和参与度。在信息时代背景下，故事情境设计利用多媒体资源丰富教学手段，使学生能够通过多感官体验获得知识，从而更有效地理解和掌握学习内容。

（一）教学内容的故事呈现

通过将抽象或复杂的教学内容融入具体的故事情景中，不仅提高了知识的可接近性，还显著增强了学生的学习动力和深度理解的能力。教学过程中的故事不仅作为传递信息的载体，更是激发学生探究欲望和增强记忆的有效工具。学习内容的故事呈现核心在于通过生动的叙述将学习内容置于具体的情境之中，使得抽象的知识点被赋予具体形象和情境背景。例如，历史教学中关于罗马帝国的兴衰，教师可以构建一个围绕特定帝王、战争或政治改革的叙事框架，通过具体事件展开故事，详细描绘当时的政治决策、社会背景及其带来的影响。这种方法能够使学生在感知历史人物的决策过程和时代背景的同时，深化对政策和法典等抽象概念的理解。故事情境的设计还有效地促进学生的情感投入和认知参与。当教学内容以故事形式呈现时，学生不再是被动的信息接收者，而是变成了故事的一部分。他们通过故事中的角色体验历史事件，从而更易于从多角度和深层次理解并评价历史发展。例如，将学生置于一个假想的罗马市民的视角，讨论某项政策如何影响他们的生活，这样的情境设计可以激发学生的同理心和批判性思维，使得学习过程更为动态和互动。

教学内容的故事呈现还应注重故事与学生现实生活的连接。将历史教学中的事件与学生的现实世界相联系，如通过比较古代罗马的政治决策与现代政治系统的异同，可以帮助学生构建跨时代的理解框架，增强学习内容的相关性和实用性。这种联系不仅帮助学生理解历史事件的长远影响，也促进了他们对现代社会问题的深入思考。

（二）多媒体资源的应用

多媒体资源的有效运用可以极大提升学生的学习体验。在"互联网+"的教育环境下，教师可以综合利用视频、音乐、动画、图片等多媒体工具，极大地丰富教学内容的表现形式，增强学习的互动性和沉浸感。多媒体资源使教学内容的呈现更加生动和直观。视觉和听觉是人类获取信息的主要方式，通过视频和动画展示复杂的历史事件或科学过程，可以帮助学生更快地理解并记住抽象概念。例如，利用动画来解释历史上的战争策略或科学实验的步骤，可以使这些概念在学生的脑海中变得更加清晰和具体。音乐和图片也可以用来设置特定的情感背景，增强教学情境的吸引力，从而激发学生的学习兴趣。

多媒体资源的应用可以提供更多样化的学习路径，满足不同学生的学习偏好和需求。在"互联网+"的教育环境下，学生可以通过访问在线资源自主学习，选择适合自己的学习方式和速度。例如，一些学生可能更喜欢视频类学习，而其他学生可能偏好阅读或互动式学习模块。通过提供多种格式的学习材料，教师可以确保每个学生都能找到最有效的学习方法。

多媒体资源的运用也促进了教师的教学创新和专业发展。教师可以利用现成的网络资源或自主创建多媒体内容来丰富教学材料，这不仅节省了准备课程的时间，还可以不断试验和优化教学方法。通过这种方式，教师能够不断探索更有效的教学策略，提高教学质量。

（三）学生参与度的考量

学生参与度的考量是微项目教学中故事情境设计的核心组成部分，关乎教学活动的成功与否。通过设计学生感兴趣的故事情境，教育者可以显著提升学生的学习积极性，从而更有效地促进学生的认知发展和技能提升。学生的主动参与不仅增强了学习的动力，还提高了学习材料的吸收率和应用能力。学生参与度的提升通过故事情境中的互动式元素实现。互动式的故事情境，可以使学生由学习内容的被动接收者转变为主动参与者。在这种设置中，学生被赋予一个具体的角色，需要根据角色的视角和背景信息来响应故事中的各种情境挑战。例如，在一个关于第二次世界大战的微项目中，学生可能需要扮演不同国家的领导人，根据历史情境做出战略决策。这种角色扮演不仅使学生能够深入理解历史事件的复杂性，而且通过模拟经历，学生能够更好地掌握历史学科的分析方法和决策技巧。

二、高中历史微项目教学情景设计的侧重点

（一）情境设计要力求真实合理

在高中历史微项目教学中，情境设计的真实性和合理性是确保教学效果和提升学生学习体验的关键因素。真实合理的情境设计能够更有效地吸引学生的注意力，激发他们的学习兴趣，并促使他们在更加深刻和真实的学习环境中主动探索和思考。因此，教师在设计这些教学情境时需要精心规划，确保每个元素都科学地反映历史真相，同时符合学生的认知水平和教学目标。

1. 情景设计的真实性

情境设计的真实性要求教师确保所创设的历史场景和情境严格基于历史事实和数据，这样可以确保学生能够通过一个严谨和准确的历史镜头来理解过去，这不仅有助于提高学生对历史事件的认识，还能促进他们批判性思维的发展和历史学科素养的形成。

第一，情景设计的真实性要求教师在设计微项目前必须进行广泛的历史研究。这涉及对相关历史时期、事件、人物及其社会背景的深入了

解。教师需要利用可靠的历史文献、档案和其他学术资源来收集信息，确保所使用的每一项数据都是精确无误的。例如，在设计关于工业革命的微项目时，教师必须精确描述那一时期的工业技术、劳动条件、社会阶层变动及其对家庭结构和城市化的影响。这种严格的事实基础是构建学生理解的基石，帮助他们以正确的历史观观察和分析过去的事件。

第二，情景设计的真实性还涉及教学材料和活动的选择。所有的教学内容和讨论题目都必须围绕确凿的历史事实展开，避免引入任何可能导致误解或偏见的元素。在展现历史事件时，教师应均衡呈现不同的视角和解释，确保学生能够从多角度理解历史，并学会如何批判性地评估不同的历史叙述。例如，探讨工业革命的社会影响时，不仅要描述其带来的经济增长和技术进步，还要涵盖由此引发的工人阶级苦难和社会不平等问题，提供一个全面的历史视角。

第三，情景设计的真实性要求教师在呈现历史情境时使用适当的教学媒介，如文献片段、历史地图、当时的艺术作品等，这些都能为学生提供直观的历史证据，加深他们的历史体验。通过利用多媒体资源如视频、动画等，教师可以更生动地重现历史场景，使学生能够在接近真实的环境中学习历史，提升他们的学习兴趣和参与感。

2. 情景设计的合理性

情景设计的合理性要求教师充分考虑学生的先验知识和学习能力。这一点是教学设计成功的前提，因为学生的现有知识基础将直接影响他们理解新教学内容的能力。教师需要通过预评估来识别学生对特定历史话题的了解程度，并据此调整教学策略。例如，在设计关于美国独立战争的微项目时，教师应首先确定学生对此前背景的了解情况，然后选择适合的教学资源和活动来衔接学生的知识空白。

学生的兴趣是学习动力的重要来源，教师在情景设计时应尽可能地引入学生感兴趣的元素。这可以通过结合学生的爱好、流行文化或当前热门话题来实现。例如，如果学生对科技发展特别感兴趣，教师可以设计一个探讨历史上重大科技发明对社会变革影响的项目，如蒸汽机的发明和应用。通过将历史内容与学生的兴趣联系起来，可以极大增强学生的学习积极性。

（二）情境教学要丰富多样

多样化的情境教学不仅能够提供一个全面且深入的学习体验，还能够鼓励学生从多角度探索和理解历史事件，增强他们的批判性思维和创新能力。通过实施多维度的情境设计、采用多样化的教学方法和材料，以及灵活地调整教学策略，教师可以有效地满足不同学生的学习需求，提高教学的包容性和效果，从而为学生提供一个全面、深入且富有成效的学习体验。情景教学的多样性如图2-1所示。

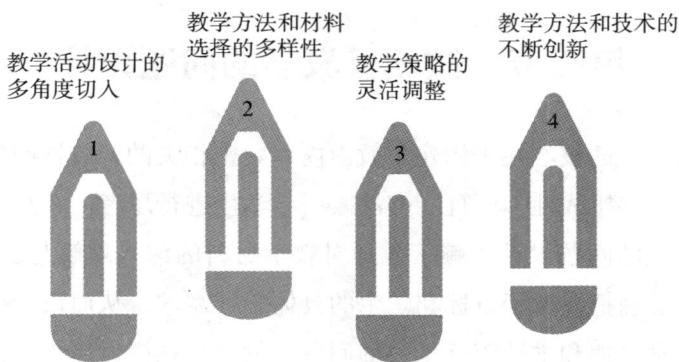

教学活动设计的多角度切入　1

教学方法和材料选择的多样性　2

教学策略的灵活调整　3

教学方法和技术的不断创新　4

图 2-1　情景教学的多样性

情境教学的多样性要求教师在设计教学活动时，能够从多个角度切入，以涵盖不同学生的兴趣和学习偏好。这种多角度的设计方法可以通过引入不同的历史解读、理论框架、文化背景和政治经济情境来实现。

为了适应不同学生的学习方式，教师应使用各种教学工具和资源，如文本、图表、时间线、互动模拟、角色扮演等。这些多样的教学材料和活动不仅可以满足视觉学习者和听觉学习者的需求，还可以激发那些通过动手操作和实践活动学习的学生的兴趣。例如，通过使用虚拟现实技术来重现历史事件的场景，学生可以在沉浸式环境中亲自体验历史，从而更深入地理解事件的背景和影响。

情境教学的多样性要求教师能够灵活地调整教学策略，以适应学生在学习过程中的变化和反馈。这种灵活性不仅体现在教学内容的调整上，也包括教学过程中对学生个体差异的响应。教师应鼓励学生根据自己的行为习惯和经验参与情境教学，允许他们以自己独特的方式探索和构建知识，这有助于培养学生的自主学习能力和个性化学习路径。

教师需要不断创新和试验新的教学方法和技术，以保持教学活动的新鲜感和吸引力。这种不断地创新不仅能够促进教学方法的发展，还能激发学生的学习热情，使他们能够在动态和激励的环境中不断进步。

第三节　微项目教学的问题设计

问题设计的核心在于构建与教学内容紧密相关的开放性问题，这些问题不仅具有挑战性，而且能够深入引导学生进行思考。在高阶思维引领下，有效的问题设计依赖于教师对教学材料的深入理解与创新能力。教师必须准确把握课程目标和学生的具体学习需求，从而设计出能够激发学生探索兴趣和推动深度学习的问题。例如，在探讨历史事件时，教师可以设计问题来探索事件发生的多种背景和后世影响。教师应鼓励学生利用多样的资源和工具，包括网络资料、学术论文和互动平台，来研究和回答这些问题。通过这种方式，学生不仅能够加深对历史知识的理解，还能学习如何在广泛的信息中筛选、分析并整合数据，进一步提升他们的研究和批判性分析能力。关于高中历史微项目教学的问题设计可以参考附录。

一、问题的识别与定义

在高中历史微项目教学中，问题的识别与定义过程不仅关系到学生能否准确理解历史事件和概念，也直接影响他们批判性思维和问题解决能力的培养。精确地确定问题的范围、识别关键要素，以及定义问题的具体形式和要求，都是设计教学问题时必须细致考虑的方面。

（一）确定问题的范围

在高中历史微项目教学中，确定问题范围的核心目的是为问题探讨设定清晰的界限，确保所提出的问题既不过于宽泛，也不显得过于狭窄。适当的问题范围有助于学生集中精力在核心概念上进行深入的分析和讨论，同时避免在较短时间内涉及过多或不相关的内容，从而提高教学效率和学习成果的质量。确定问题范围时教师应注意内容如图 2-2 所示。

图 2-2　确定问题范围时应注意内容

课程目标不仅指导教师理解应当传授的核心知识点，也指明了学生在学习过程中应达到的理解深度和技能水平。在设计问题时，教师需要确保问题直接关联至这些目标。

选择合适的问题范围需要教师充分了解学生的前知识水平、兴趣点以及他们的思维能力。在历史微项目中，理解学生的学习需求可以帮助教师设计更具吸引力和挑战性的问题，从而激发学生的学习动机。例如，针对对历史政治特别感兴趣的学生群体，教师可以设计涉及政治变革影响的问题，如"拿破仑统治时期的政策对法国及欧洲其他国家政治格局产生了哪些影响？"这样的问题可以引导学生将历史知识与现代政治体系的形成联系起来，增加学习的相关性和实用性。

确定问题范围时要注意问题的难易程度。过于复杂的问题可能会使学生感到困惑和挫败，而过于简单的问题可能导致缺乏深度的学习和探讨。因此，教师在设计问题时，应通过预先的评估或试探性讨论来测试问题的难度，确保问题既能挑战学生也能够被学生所理解和回应。通过"渐入佳境"的真实问题情境，学生可以获得更多的思考机会，进而产生出更强烈的认知内驱力，使学习变成一种有意识的行为，进而推动学生的思考能力的发展。①

（二）识别问题的关键要素

历史问题往往复杂且多层次，涉及广泛的时间、空间和社会经济因素。因此，将这些复杂的问题分解成可管理和可探讨的小部分是实现有效教学的关键。通过准确识别构成问题的关键要素，教师能够引导学生系统地理解问题的本质，为深入分析和讨论做好准备。

识别问题的关键要素要求教师和学生共同探讨并界定问题的主要组成部分。这通常涉及对历史事件的因果关系、主要人物、重要日期、地理位置、政治背景、经济条件等元素的识别。例如，在探讨"法国大革命"的原因时，关键要素可能包括社会不平等、财政危机、启蒙思想的影响、民众的不满情绪等。通过明确这些要素，学生可以更有效地组织和构建他们的回答，同时也能更深入地理解事件的复杂性。

教师在引导学生识别关键要素时，应鼓励他们运用多种历史分析工

---

① 孟永正. 浅谈数学微项目化学习驱动性问题的设计 [J]. 小学教学研究，2021（24）：61.

具和思维模式。这包括时间线分析、角色扮演、原因与结果图等，这些工具可以帮助学生可视化和系统化地理解问题的结构。教师还应教授学生如何从不同的历史来源中提取信息，比如文献、图像、地图和统计数据等，以确保他们的分析基于坚实和全面的证据。

识别问题的关键要素还应当包括对问题的多角度考察。历史事件往往可以从政治、经济、社会、文化等多个维度进行探讨。教师应引导学生不仅看到事件的表面，而是深挖每个维度下的复杂性和互动性。例如，探讨一战结束后的国际关系时，学生应考虑到政治决策、军事策略、经济恢复等方面的互相作用。通过讨论和识别这些关键要素，学生能够形成更全面、更深刻的历史理解。这种方法不仅帮助他们聚焦于核心议题，而且促进了他们在探究中形成更丰富、多维的视角。这对于培养学生的历史思维、批判性分析能力以及解决复杂问题的能力都是至关重要的。

（三）定义问题的具体形式和要求

在微项目教学中，定义问题的具体形式和要求直接影响教学的效果和学生的学习成果。这一过程确保了问题不仅能够引起学生的兴趣和参与，而且能够有效地评估学生的理解和技能。通过明确地表述问题和设定具体的评估标准，教师能够引导学生进行深入的探讨，并从多个角度全面分析问题。

定义问题的具体形式涉及如何表述问题以使其既清晰又具有挑战性。问题的表述需要精确无误，避免歧义，同时要足够开放，鼓励学生进行广泛的思考和讨论。问题的具体要求必须明确，这包括学生需要达到的解答标准和表达形式。这些要求应当具体到每一个学习目标，并与课程标准和教学目的紧密对应。在设定这些要求时，教师需要考虑问题的复杂性和学生的能力水平，确保学生能够在现有的知识和技能基础上被适当地挑战。例如，在要求学生分析"工业革命如何改变人类社会？"时，可以设定学生需要使用案例研究、历史数据比较或社会理论来支持他们的观点。同时，教师可以要求学生通过写作、口头报告或视觉艺术作品等多种方式来展示他们的分析结果，以评估他们的综合分析能力和创意表达能力。

（四）课程标准基础上的核心概念理解与关键问题提炼

核心概念教学内容中的关键性概念、原理或事件，它们不仅是知识体系中的基石，还具有超越课堂的持久价值和广泛的迁移价值。这些概念的深入理解是微项目教学设计中的核心任务之一，它能够帮助学生构建完整的概念体系，超越对零散史实的简单记忆，形成对历史的深层次理解。

核心概念的理解要求教师能够清晰地识别和界定哪些概念属于教学内容的核心。这些概念通常涵盖对该学科有深远影响的理论、事件、派别或技术等，教师在设计微项目时，需要围绕这些核心概念来组织课程内容，确保学生能够在理解这些概念的同时，掌握它们之间的联系和相互作用。课程标准提供了教学的方向和目标，明确了学生在完成学习后应达到的理解和能力水平。在微项目教学中，教师应在理解教学内容中的核心概念的基础上进行问题设计。

对核心概念的深入理解应能促进学生能力的转化，将对历史概念的认知转化为分析和解决实际问题的能力。教师在问题设计时应引导学生将理论知识应用于实际情境，让学生将学到的历史知识与现实世界相连接，从而提升其批判性思维、沟通能力和社会责任感。教师在设计问题时需要确保问题的实际性和相关性，这样学生才能将历史理论与现实情境相连接。例如，在探讨历史事件如一战时，可以引入问题讨论如何通过了解过去的国际冲突来解决今天的国际关系问题。通过这种方式，学生不仅复习历史事件，而且学习如何将这些事件的教训应用于现代的外交政策分析中。

在关键问题提炼方面，课程标准通常定义了学科的基本框架和学生应掌握的关键概念、原理和方法。教师需要从这些宽泛的标准中提炼出具体的教学内容，然后围绕这些内容设计针对性的问题，这些问题应能够帮助学生构建对这些历史现象深层次的理解和批判性的分析。

二、驱动型问题设计

驱动型问题是微项目化学习的重要组成部分，它不仅能够帮助学生建立起基础历史知识体系之间的联系，还能够激发学生的探索实践活动的兴趣，提高他们的核心能力，引导学生进行深入思考，并鼓励学生持续探索，从而完成各种挑战性任务。①围绕教学内容的核心知识和关键问题设计驱动型问题，紧密围绕课程的核心概念，用科学的驱动型问题激发学生投入"项目"的探索中，使其学习内驱力得到激发，学生真正深入探究。根据核心概念运用以下策略确定驱动型问题，从而促使他们主动获取信息、积极思考并进行合作交流。

（一）深刻理解教材的基础上确定驱动型问题

教师在设计驱动型问题时必须基于对教材内容的深刻理解，这涉及全面把握教材的关键概念和历史事件的因果关系。通过这种深入的教材分析，教师能够确定哪些内容是学生的学习关键，哪些内容适合通过探究来扩展和深化。

驱动型问题的设计应紧扣教材内容，保证学生在解决问题的过程中能够有效地应用他们已经学到的知识。这种问题设计不仅要求问题与教材内容紧密相关，而且问题应具有开放性，允许学生从多个角度进行思考和讨论，没有固定的答案。问题应具有适当的挑战性，能够促进学生的批判性思维和问题解决能力的发展，同时又不超出学生当前的理解范

---

① 孟强.微项目化学习视域下历史教学关键问题的优化设计：以《武昌起义与中华民国创建》为例 [J].中学历史教学，2021（7）：28.

围。例如，在讨论工业革命的单元时，教师可以提出如下问题："工业革命是如何改变人类生活方式的？"这个问题直接关联教材中的核心内容，挑战学生从多个历史角度分析工业革命的影响，包括社会、经济和技术变革。通过对这一问题的探讨，学生不仅能够理解工业革命的多方面影响，还能够通过批判性分析，评估这些变革对现代社会的长远意义。这样的驱动型问题设计使得历史学习不再是简单的事实记忆，而是变成了一个需要学生主动思考和深入探究的过程。

（二）准确把握驱动型问题的"精"与"简"

教师在设计驱动型问题时，必须准确把握驱动型问题的数量和作用，找到"精"与"简"的平衡点。这种平衡确保问题既能深入教学内容的核心，又能保持足够的简洁，使学生能够集中精力解决关键问题，而不是在众多的问题中迷失方向。

"精"意味着驱动型问题应该精准对接教材中的核心概念和主要学习目标。这种精确性要求教师深入理解教材内容和历史学科的核心概念，从而能够设计出能够直击核心概念的问题，让学生不仅关注到具体的历史事件，还能促使其分析事件背后的更深层次原因和结果。在设计驱动性问题时，若只设定一个驱动型问题，可能不足以让学生全面掌握所需的历史知识。然而，如果设置太多驱动型问题，也可能会导致学生感到困惑和压力，因为他们需要在有限的时间内应对众多问题，这样的"广撒网"可能会分散学生的注意力，降低学习的效率。"精"也意味着问题应具有指导性和目标性，能够引导学生进行深入的思考和探讨，而不是简单地回答或重述历史事实。这样的问题设计可以有效地提高学生的批判性思维能力，使他们能够在探索历史的过程中不断提出和验证假设，从而达到理解复杂历史现象的学习目标。

"简"则是指问题的表述应简洁明了，避免过多的复杂性和分散性，使学生能直接聚焦于学习的主要目标，而不被边缘或过于广泛的议题分散注意力。简洁明了的问题设计有助于学生迅速理解所要探究的核心概念和问题的深层含义。它鼓励学生思考更加精确、有针对性的答案，从而深化他们对问题的理解和分析。

在设计这些问题时，教师需要综合考虑课程内容的难度和学生的认知水平。适当的挑战性是必要的，它可以激发学生的学习动力和探究欲望，但过多的复杂性可能导致学生在理解问题的过程中感到困惑，影响学习效果。选择合适的驱动型问题需要教师深入了解学生的先前知识、思维习惯以及学习能力。这种理解可以通过观察学生的日常学习行为、评估他们在类似问题上的表现以及直接与学生的沟通来实现。因此，教师在设计问题时，应该考虑到问题的挑战性和学生的实际能力，确保问题吗有助于推动学生的思考，又不超出他们的理解范围。

（三）依据学生整理资料的过程设计驱动型问题

教师在课前引导让学生进行分组，这种分组方式应该基于学生的能力、兴趣或之前的表现。在分组后，各小组的学生需要根据教师的指导搜集关于即将学习主题的相关材料。这一过程不仅仅是收集信息的活动，更是一种促进学生自主学习和合作交流的方式。例如，在一个关于"美国独立战争"的微项目中，学生可能需要查找关于战争原因、主要事件、影响及其在现代社会中的意义的信息。随后，教师应鼓励学生在小组内分享和讨论他们找到的材料。这一分享和讨论过程对于激发学生的学习兴趣和深化理解至关重要。学生在交流中不仅能够从同伴那里了解到不同的视角和信息，还能通过讨论提升自己的表达和批判性思维能力。此时，教师可以展示与学生资料相辅相成的视频材料，使学生能够更直观地理解历史事件的各个方面。

通过学生的合作交流及对收集材料的分析解读，教师可以观察到学生在认知和情感上的反应，这为后续的驱动型问题设计提供了基础。驱动型问题的设计应依据学生在资料整理过程中表现出的理解深度、兴趣点以及可能的误解或疑问。教师需要设计那些能够引导学生进一步思考和探索的问题，比如："美国独立战争中的关键决策是如何影响战争结果的？""如果没有法国的援助，美国独立战争的结果会怎样不同？"

（四）根据学生的知识困惑和教学重难点设计驱动型问题

通过预习活动，学生往往会对课本内容产生多种疑问和困惑。这些问题通常涉及对历史事件、人物、时间线等的不理解或误解。教师的任务是在这些自然产生的困惑中识别出与核心知识点最为紧密相关的问题。这需要教师具有高度的专业素养和对学生认知特点的深刻理解，以确保能够准确捕捉学生的学习需求。教师应从这些初步的学生困惑中提炼出关键问题，这些问题应能直接关联到教学的重难点。

驱动型问题的设计应体现从简单到复杂的探索过程，使学生在解答过程中能够逐步深化对问题的理解。教师需要设计一系列问题，从表层的描述性问题逐步过渡到需要深入分析和评价的复杂问题。这种渐进式的问题设置帮助学生在探索历史现象时，能够逐步建立起复杂的思考框架和分析能力。

在问题的实际应用中，教师还应鼓励学生通过多样化的方式进行讨论和研究。这包括小组讨论、角色扮演、辩论等活动，使学生能够在不同的学习情境中主动探索和交流，从而深化对历史事件的理解。通过这种互动和合作，学生能够在实践中检验自己的认识，体验历史学习的实际意义和应用。

三、问题的引导与支持

在高中历史微项目教学中，问题的引导与支持是确保教学有效性的关键环节。这一过程涉及提供必要的背景知识、设计有助于学生理解和解决问题的指导性提示以及根据学生反馈动态调整教学等内容。通过这些方法，教师可以促进学生的积极参与和深入学习，同时确保教学内容与学生的实际需求和认知发展阶段相匹配。

第一，提供必要的背景知识是问题引导的基础。在历史微项目教学中，背景知识应包括关键的时间、地点、人物和事件，以及这些元素之间的关系和影响。这些信息为学生解决问题提供了必要的历史语境，帮助他们更好地理解问题的重要性和复杂性。这种深入的背景知识提供了一个多维度的视角，帮助学生在随后的微项目探究中，从多角度切入，探讨如何历史事件与现代世界的联系，从而更深刻地理解历史的连续性和复杂性。

第二，设计指导性的提示和支持结构对于引导学生正确理解和探索问题至关重要。这些提示可能包括问题解决的步骤、思考的方向、分析方法或特定资源的推荐。通过这种结构化的支持，学生能够更系统地组织自己的思考和研究，从而更有效地解决问题。例如，教师可以为学生提供一个详尽的分析模板，这种模板可能包括一系列引导问题和思考框架，用于指导学生从多个角度审视历史事件。这些角度可以包括分析关键人物的动机、背景和影响；比较不同历史文献或史料的可靠性和偏见；以及评估特定政策或决定对当时社会的具体影响。通过这样的结构化工具，学生可以更清楚地理解历史事件的复杂性，同时提高他们的批判性思维能力。

教师可以推荐特定的学术资源，如历史数据库、学术期刊或专业网站，以供学生进行深入研究。这些资源的推荐旨在扩展学生的知识来源，鼓励他们不仅依赖课本信息，而是能够接触到更广泛的学术观点和研究成果。同时，教师也应提供关于如何有效使用这些资源的指导，包括如何识别信息的可信度，如何引用学术资料，以及如何整合和呈现研究成果。

第三，调整和适应学生的响应是问题引导过程中的动态组成部分。教师需要根据学生在问题解决过程中的表现和反馈，调整问题的难度和深度，以及提供的支持方式。如果教师发现学生在解决某个历史问题时表现出明显的困难，可能需要简化问题，使其更容易理解和处理。这可以通过划分问题的不同部分，先解决基础的子问题，逐步引导学生理解更复杂的内容。同时，教师可以提供额外的背景信息或解释，帮助学生建立起必要的知识框架，增强他们对问题的整体理解。根据学生的具体需求引入新的教学资源也是调整教学的重要方面。这可能包括推荐相关的历史文献、视频讲座、互动模拟等，这些资源能够从不同角度丰富学生的学习体验，提供多样化的学习途径。通过这种方式，学生可以通过多种感官和认知途径接触历史知识，从而更全面地理解和吸收教学内容。

调整教学策略还包括根据学生的学习风格和兴趣进行个性化的教学设计。了解学生的个性特点和偏好可以使教师更有效地设计教学活动，激发学生的学习动机和兴趣。例如，对于喜欢视觉学习的学生，教师可以使用图表、时间线或历史地图等视觉工具来辅助教学。对于喜欢互动和讨论的学生，则可以多安排角色扮演或辩论等活动。通过这种动态的响应，教师能够更好地满足学生的个别差异和学习需求，从而优化学习成果。

第三章　高中历史微项目教学应用模型

第一节　项目导入与支持

一、项目导入的准备阶段

（一）确定教学目标和学习成果展示方式

在高中历史微项目教学中，确定教学目标和学习成果的展示方式是项目导入的准备阶段的核心任务。这一过程涉及教师对教学内容的深刻理解与精确规划，以确保学生的学习活动能够明确地朝向预设的教学目标前进，同时通过具体的学习成果展示方式可以实现有效的学习评估。

第一，确定教学目标是高中历史微项目教学设计的出发点。教学目标应明确、具体且可衡量，能够指引学生学习活动的方向和重点。在历史教学中，这些目标不仅涵盖知识性目标，如理解特定历史事件的原因和结果，还包括技能性目标，如分析和批判性思维技能的培养，以及情感态度目标，如对历史学习的价值和意义的认识。

第二，学习成果的展示方式需要在微项目教学初期进行规划，这关系到如何衡量和展示学生达到教学目标的程度。展示方式应多样化，既能体现学生对知识的理解和掌握，也能反映他们的思维过程和技能应用。传统的书面考试可以评价学生对历史事实的记忆和理解，而演讲、辩论、多媒体演示等则更能考查学生的应用和分析能力。例如，在一个涉及工业革命影响的微项目中，学生可以通过制作开展主题讨论会或创作视频文档来展示他们对事件的综合理解和分析。确定学习成果的展示方式也需要考虑学生的个性和学习风格差异，以及资源的可用性。教师应提供多种选择，让学生根据自己的兴趣和优势选择最合适的展示方式。这样不仅可以增强学生的学习动机，还能更公平地评估每位学生的学习成果。

（二）选择适合的项目和问题

选择适合的项目和问题直接关系到教学的实施效果，影响学生的学习动机、参与度以及最终的学习成果。因此，教师在设计微项目时必须精心选择，确保所选的项目和问题不仅符合教学目标，而且能够激发学生的兴趣和参与。选择适合的项目需要教师具备深厚的历史学科知识和对学生认知水平的准确把握。项目应围绕历史学科的核心概念和重要事件构建，同时需要考虑到学生的先验知识和学习能力。一个良好的项目题目既能够挑战学生，又不至于超出他们的理解范围。问题应具有开放性，允许学生从多个视角进行探讨，促进他们进行深入的研究和讨论。这种类型的问题能够激发学生的好奇心和探索欲，推动他们自主寻找信息和构建知识。在实践中，教师可以利用争议性强、有多种解释的历史事件来设计问题，如："工业革命是推动社会进步的主因还是导致社会问题的根源？"此类问题不仅增强了学习的相关性，还能够引导学生进行批判性分析和综合性思考。

教师在选择项目和问题时应考虑其可实施性和资源的可用性。项目需要有足够的支持材料和资源，如文献、档案、专家视频等，这些都是确保项目成功实施的必要条件。教师应在项目开始前彻底调研，确保所有必要的资源都能在教学过程中得到有效利用。

二、设计项目导入活动

(一)创造具有吸引力的导入情景

通过精心设计并构建具有吸引力的导入情景,高中历史微项目教学能够在学生心中激发起对历史的热情和探究的动力,从而为深入的历史学习和探索创造有利的起点。这不仅增强了学习的吸引力,还通过多维度的感知和情感体验,加深了学生对历史知识的理解和内化。

创造具有吸引力的导入情景要求教师具备出色的故事叙述能力和对历史事件深刻的理解。通过讲述一段具有吸引力的历史故事,或是展示一个关键的历史瞬间,教师可以有效地将学生带入一个具体的历史背景中。例如,如果课题涉及工业革命,教师可以通过描述从手工作坊到机械化生产的转变过程,来展示技术变革对人们生活的影响。导入情景的设计还应考虑到情感的引入,特别是对于历史学科而言,情感的引入可以极大地提升学生的学习动力。通过让学生从情感层面感受到历史事件的重要性,如讨论战争的人道主义影响,或者是探讨伟大发明对社会的积极影响,可以更有效地促进学生的情感投入和道德反思。

(二)利用多媒体资源激发学生兴趣

在当代教育实践中,利用多媒体资源来激发学生的学习兴趣已成为一种越来越普遍的方法,尤其在高中历史微项目教学中,多媒体技术的应用能显著增强教学的吸引力和效果。多媒体资源,包括视频、音频、动画和互动应用,不仅可以丰富学生的学习体验,还可以帮助他们以更全面和深入的方式理解复杂的历史内容。

(1)在高中历史微项目教学中,利用视频和电影作为多媒体教学资源,是一种极其有效的方法,可以显著提升学生的历史学习体验。视频和电影作为直观的视听材料,不仅能生动地再现历史事件和人物,而且能帮助学生深入理解历史的复杂性和动态性。视频和电影能够提供比传统文本更为丰富的历史信息。在历史教学中，通过展示历史纪录片或与课程主题相关的历史电影，学生可以看到真实的历史场景、听到真实的声音，甚至是感受到历史人物的情感。这种直观的历史呈现有助于学生形成对历史事件更加全面和立体的认识，如在讲解第二次世界大战时，播放关于战争的关键战役的纪录片，可以使学生直观地看到战场的惨烈和战争对人类社会的影响，从而更深刻地理解战争的残酷性和历史意义。

　　视频和电影作为教学工具，能够激发学生的情感和共鸣，这是单纯文字难以达到的。历史电影往往通过叙述具体人物的故事，使历史事件具有了个人情感色彩，更易于引起学生的情感共鸣。例如，在讲解第二次世界大战时，播放关于战争的关键战役的纪录片段落，可以帮助学生更真实地感受到战争的残酷性和对人类社会的深远影响。视频和电影在历史教学中的应用有助于提高学生的批判性思维能力。教师可以引导学生分析影片中的历史表现，讨论其历史准确性、影片制作的角度及其对公众历史认知的影响。通过这样的分析，学生不仅能够批判性地评估不同的历史叙述，还能学习如何从多个角度审视历史，增强他们的历史思维能力。

　　视频和电影也是实现跨学科教学的有力工具。例如，在讲解特定历史事件时，可以结合文学、艺术、政治学等多个学科的视角，通过电影中的艺术表现来探讨历史事件的多重影响，从而帮助学生形成跨学科的思维模式。

　　（2）在高中历史微项目教学中，利用动画和图形资源是提高学生学习效率和兴趣的有效策略。动画和图形通过将静态的历史数据和复杂概念转化为动态和视觉化的表现形式，不仅能够使历史学习内容更加生动和直观，而且能够帮助学生更好地理解和记忆这些信息。

　　第一，动画技术的应用能够突破传统教学方法中对复杂历史过程的线性叙述限制。通过时间线动画，教师可以有效地展示不同历史时期的重要事件和变迁，使学生能够清晰地看到历史发展的连贯性和阶段性。

第二，图表动画在解释历史中的经济发展趋势、战争的影响、人口迁移模式等方面具有独特的优势。例如，利用动态图表来展示工业革命期间的经济数据，如生产总值的增长、工业产出的提升以及劳动力结构的变化，可以让学生在视觉上直接感受到工业化带来的深刻变革。这种方法不仅增加了历史概念的可访问性和理解度，还激发了学生探索更深层次历史原因和结果的兴趣。

第三，动画和图形的使用还能增强教学的互动性和参与度。在微项目教学中，教师可以设计活动让学生自己创建动画或图表，例如，学生可以团队合作，使用专业软件来重现某个历史事件的发生过程，或是对某个时期的某项数据进行视觉化分析。这种"做中学"的学习方式不仅能够深化学生的历史知识，也能够提升他们的技术能力和团队协作能力。

第四，动画和图形的视觉表现力能够帮助学生克服传统文本学习的枯燥，增加学习的趣味性。历史教学中合理运用这些视觉工具，可以使抽象的历史事件和复杂的社会关系变得形象具体，更易于学生理解和接受，从而有效提高他们的学习动机和参与度。

（3）在高中历史微项目教学中，音频资源的应用是激发学生学习兴趣的重要手段之一。音频资源，包括历史讲座、历史人物的亲历记述以及相关历史事件的眼见者描述，能够为学生提供一个多维度的历史学习体验。通过聆听这些音频材料，学生可以从第一手资料中获取信息，理解历史的多样性和复杂性，从而形成更全面和批判性的历史观。

第一，历史讲座作为一种常见的音频资源，常常由历史学家或研究者提供，他们在讲座中不仅分享研究成果，还会对历史事件进行深入分析。这些讲座往往涵盖了广泛的主题，从古代文明的兴衰到现代国际关系的变动，都可能成为探讨的对象。通过聆听这些专家的讲座，学生不仅能够获得专业的历史知识，还能学习到如何进行历史研究，如何分析历史事件。例如，一个关于冷战历史的讲座可能会详细介绍各种国际政治策略和冷战期间的重大事件，帮助学生从宏观和微观两个层面理解冷战的历史影响。

第二，历史事件的亲历者录音是另一种极具价值的音频资源。这些录音通常包含了历史事件的亲身经历和个人感受，为学生提供了一种非常直接的历史体验。例如，第二次世界大战的老兵可能会描述战场上的具体情况，或者大萧条时期的普通人可能会讲述他们的日常生活和挑战。这些个人叙述使得历史不再是遥远和抽象的，而是具体和生动的，有助于学生更好地理解历史的人文关怀和社会影响。

第三，音频资源的多元化特性可以帮助学生形成批判性的历史观。在学习历史时，面对不同的叙述和解释，学生需要学会批判性地思考，分析不同的历史叙述背后的意图和视角。例如，通过比较东西方在描述同一历史事件时的差异，学生可以学习到文化、意识形态和政治利益如何影响历史的记录和解释。这种批判性思维的培养是历史教育中不可或缺的一部分，也是学生在成长过程中必须掌握的能力。

三、资源和材料的准备与方向引导

（一）整合数字和传统资源，提供访问学习材料的平台和工具

在高中历史微项目教学中，整合数字和传统资源，提供访问学习材料的平台和工具，是确保教学内容全面和学生能够高效学习的重要环节。这一过程不仅涉及资源的选择和整合，还包括如何有效地利用这些资源来支持学生的学习过程。这种整合不仅增强了教学内容的丰富性和互动性，也极大地提升了学生的学习效率和效果。通过这样的教学策略，学生能够在一个支持性和资源丰富的环境中探索历史，从而更全面地发展他们的历史知识和技能。

（1）整合资源的过程要求教师在传统的纸质资源和现代的数字资源之间找到平衡。传统资源，如教科书、历史文档、原始档案和参考书，

这些资源包含了历史学科的核心内容和必需的深度见解，是学生学习历史不可或缺的部分。教科书提供了系统化和结构化的历史知识，帮助学生构建起对重大历史事件和时期的基本理解。历史文档和原始档案则允许学生直接接触到历史事件的原始资料，增加学习的真实感，使学生能够亲自分析和解读历史证据，培养他们的批判性思维和分析能力。

但单靠传统资源在今天的教育环境中可能不足以满足学生的学习需求。随着技术的发展，数字资源如在线数据库、电子书、学术期刊和互动网站变得日益重要。这些资源提供了多样化的学习方式和即时更新的信息，极大地扩展了学生的学习视野和深度。在线数据库和电子书使学生能够快速访问到大量的历史资料和最新的研究成果，而不受地理和时间的限制。学术期刊则提供了历史学界的最新讨论和理论发展，使学生能够接触到学术前沿。互动网站则通过视频、模拟和讨论板等方式，提高了学习的互动性和参与感，使学生可以在更加动态和参与的环境中学习历史。

为了有效地整合这两种资源，教师需要保证两种资源的互补性和学生的平等访问，建立传统的阅读材料和数字资源的链接，开展整合这些资源的学习活动。例如，教师可以设计一个项目，要求学生先从教科书中获取关于某个历史时期的基本信息，然后利用在线数据库深入研究该时期的特定事件。

（2）提供访问这些材料的平台和工具是整合资源策略中的关键。现代教育技术的发展为此提供了丰富的可能性，其中学习管理系统（LMS）、在线论坛、博客和云存储服务等技术平台，为历史教学带来了革命性的改变，使得资源的共享和学生互动更为便捷和高效。

第一，学习管理系统（LMS）可以提供一个集中的学习环境，其中不仅包括课程内容的上传和管理，还包括作业提交、成绩评估、讨论区和学习进度追踪等功能。这些系统使教师能够有效地组织和分配课程材料，同时也支持学生的自主学习。例如，教师可以在LMS中创建具体的课程模块，针对每个历史主题上传相应的读物、讲座视频和相关任务。学生可以在任何时间访问这些材料，按照自己的学习节奏完成任务，同时也能通过系统中的讨论版与同学和教师进行互动，这种方式极大地增强了学习的灵活性和互动性。

第二，在线论坛和博客为学生提供了展示研究成果和表达个人见解的平台。通过在线论坛，学生可以就特定的历史议题发表意见，参与更广泛的讨论，这不仅促进了知识的深化，也锻炼了学生的批判性思维和论证能力。博客则允许学生以更个性化的形式记录他们对历史学习的反思和见解，这些内容可以被同学和教师评论，从而形成一种持续的学术对话。

第三，云存储服务为存储和共享大量的多媒体资源提供了便利。教师可以将历史纪录片、动画、音频讲座等资源上传到云端，学生可以随时随地访问这些资源，进行视觉和听觉的学习。这种多媒体的学习方式不仅丰富了学生的历史学习经验，也使得复杂的历史概念和过程更加容易被理解和记忆。

第四，这些技术平台的综合使用可以极大地提升教学的效率和效果。通过精心设计的数字平台和工具，教师可以更好地管理教学内容和学生互动，而学生能从多渠道获得信息，通过多样化的学习方式深入探索历史知识。这不仅提高了学生的学习动力，也优化了他们的学习成果，有助于形成一种积极主动、高效互动的学习文化。

（3）为了确保所有学生都能有效利用这些资源，教师需要考虑到学生的技术能力和访问条件。考虑到技术能力的差异，对学生进行必要的技术培训是至关重要的。这种培训应包括基础的计算机操作技能、如何有效搜索和利用在线数据库、参与在线讨论的技巧以及如何安全地使用互联网资源。例如，教师可以组织专门的培训课程或工作坊，教授学生如何使用学校提供的学习管理系统（LMS）、访问电子图书馆和在线期刊，以及如何参与虚拟课堂和在线论坛。这种培训不仅提升学生的信息技术能力，也增强了他们的自学能力和独立解决问题的能力。

　　确保资源的可获取性对于平衡不同学生的学习机会至关重要。对于那些可能没有家庭互联网接入的学生，教师应确保他们可以在校内获取必要的资源。这可能包括在学校图书馆设置专用的计算机工作站，提供高速互联网服务和预装必要学习软件的设备，或者允许学生在课后使用学校的设施进行学习和研究。教师还可以考虑将重要的数字资源如文章、视频和教学软件等，转换成可以离线访问的格式，如打印的材料或 USB 驱动器中的内容，以便学生无需互联网即可访问。

　　教师还需要密切关注学生使用这些资源的情况，及时调整教学策略和资源分配。这包括定期收集学生的反馈，了解他们在使用这些资源时遇到的困难和挑战，以及他们对资源的实际需求。基于这些反馈，教师可以优化资源分配，调整教学方法，甚至与技术支持团队合作，解决技术问题，从而提高资源的使用效率和教学的有效性。

　　（4）教师在引导学生使用这些资源时，应强调批判性思维的重要性。鉴于网络信息的开放性和多样性，教师应教导学生如何辨识信息的可靠性和有效性，培养他们筛选和评估历史信息的能力。网络资源虽然提供了快速访问大量信息的便利，但同时也充斥着未经验证的事实、偏见信息及误导性内容。因此，教师需要引导学生学习和实践如何评估在线资源的信任度，包括审查发布信息的来源、检查信息的出版日期、验证事实的独立来源及分析作者的意图等。教师应设计特定的教学活动，在实际操作中培养学生的批判性思维。例如，可以设置一些活动，要求学生对比不同历史资源对同一事件的描述，分析这些资源中的偏差和不一致。通过这种比较分析，学生不仅可以学习到更多关于该历史事件的知识，还能练习如何辨别信息的偏见和限制。

　　教师还可以利用案例研究的方法，引导学生深入研究历史信息的复杂性。通过研究具体的历史案例，学生可以更加深入地理解历史事件的多重因素和后果。在这一过程中，学生需要搜索、评估和综合来自不同来源的信息，这种研究活动本身就是一种批判性思维的训练。

（二）提供初步的问题框架和探究方向

在高中历史微项目教学项目导入中，提供一个初步的问题框架和明确的探究方向不仅有助于学生组织和聚焦他们的研究，还能确保教学活动与教学目标和课程标准保持一致。这种方法促进学生通过批判性思维和系统分析深入探讨历史问题，增强他们的学术探究能力和历史理解。

初步的问题框架应由教师根据课程标准和教学目标精心设计。这个框架不仅包括一个或多个中心问题，而且要明确问题的范围和深度，以及学生需要达到的学习成果。教师需要提供探究方向的指导，帮助学生理解如何系统地分析问题。这可能包括提供研究问题的分解方法，如引导学生思考历史事件的原因和结果，不同历史人物或国家的角色和立场，以及这些事件对后世的影响。教师可以提供研究工具和方法的建议，如历史文献分析、时间线的创建、原始资料的批判性阅读等，这些工具和方法将支持学生进行深入的历史研究。

教师应鼓励学生采用多种视角来探究历史问题，促进他们的多元思维和批判性分析能力。通过讨论历史事件中的多个视角，如经济、政治、社会和文化等因素如何互相作用，学生可以更全面地理解历史的复杂性。教师还应鼓励学生探讨不同历史来源的可靠性和偏见，培养他们的信息评估能力。

第二节　教学活动与实施

一、微项目教学活动分析

（一）明确项目主题，激发学习兴趣

在高中历史微项目教学活动中，确定一个合理且具吸引力的项目主

题不仅可以提高学生的学习动力，还可以促进学生在历史学习中的深入探究和能力发展。因此，教师在选择和定义教学主题时需要考虑以下几个关键方面：

一是项目主题的选择应立足于科学视角和核心知识的引领。这意味着教师需要从学科的核心概念和基本原理出发，选择能够体现历史学科特点和学术价值的主题。通过这样的主题设置，学生不仅能够学到关键的历史知识，还能通过问题解决和批判性思维来深化对这些知识的理解和应用。二手主题的设定要能够激发学生的学习兴趣和促进其能力的发展。这要求教师在设计主题时，考虑到学生的兴趣点和学习需求。例如，在选择主题时可以考虑当前的社会热点问题或学生感兴趣的历史事件，将这些因素融入教学内容中。主题设计应鼓励学生从自身的知识和经验出发，进行知识的突破和创新。通过这种方式，学生不仅可以在学习中找到乐趣，还可以在解决实际问题的过程中发展关键的思维和研究技能。三是主题的选择应从学生的实际情况出发，确保教学内容的适宜性和实用性。教师在主题选定时需要综合学生的背景、兴趣和学习能力，选择能够符合学生实际情况的主题。这包括考虑学生的年龄特点、已有知识水平以及他们对历史学科的整体理解程度。通过这样的策略，教师可以更好地引导学生在真实和具体的学习情境中进行探究，使学生能够在实践中运用和检验所学知识。四是一个有效的教学主题应能够整合和重组传统的教学方法，避免其不足，如过度依赖记忆和重复。通过创新的教学设计和方法，如项目基础学习、问题基础学习和合作学习，教师可以使教学活动更加活跃和互动，从而增加学生的参与度和学习效果。

（二）合理选择微项目教学内容

在明确项目主题后，教师要整合与主题相近的学习内容，合适的学习内容是推动微项目有序开展的关键。教学内容的合理选择应确保与课程目标和主题紧密相关，同时适应学生的学习需求和时间限制。教学内容的选择应基于"微"的特征，即项目应具有可操作性和时间效率。在高中阶段，由于课程时间的紧张和内容的繁重，微项目需要设计得既精简又具体。选择那些可以在较短时间内深入探讨的主题，同时保证这些内容能够有效地整合到课程总体框架中。

教材作为师生与课程联系的桥梁，只有在课程体系内才能与教材内容实现结合，进而推动教学目标的完成。教师应从现有教材中提取与微项目主题相关的资料，并可能需要额外的资源来丰富教学内容。例如，引入历史学家的分析或相关历史文献，这些资源可以帮助学生从多个角度理解和分析历史事件。

在高阶思维引领下的高中历史微项目教学，教师应当选择能够促进学生主动学习和批判性思维的内容。微项目的设计应鼓励学生不仅仅接受历史知识，而是主动探究历史问题，应用历史思维技能如因果关系分析、比较分析和历史解释。通过这样的教学活动，学生可以更深入地理解历史事件的多重影响，培养他们的历史思维能力和独立学习能力。有效的微项目内容选择应当促进学生的历史素养，帮助他们建立历史学科的核心素养。通过合理选择微项目教学内容，教师不仅传授历史知识，更重要的是教会学生如何通过历史学习理解当今世界，为他们的人生道路奠定坚实的基础。

（三）精心设计教学活动

教学活动是推进微项目有序开展的载体，精心设计的教学活动，可以让学生接触更丰富的学习资源和多种学习手段来辅助他们完成学习。为了有效实现高中历史微项目教学，在设计教学活动时，必须把握好以下几点。

（1）教学活动的设计必须具有挑战性，以激发学生的参与和兴趣。这要求学生运用复杂的认知过程解决问题，进行深入探讨及创造性思考，能够在学习中进行广泛和深入的探索。这种挑战性要求学生运用高级思维技能，如分析、评估和创造。这意味着学生需要超越简单的记忆和理解，对历史资料进行批判性分析，评估不同历史解释的有效性，并创造性地提出自己的观点或解决方案。

（2）教学活动的设计应该具有探究性。探究性活动不仅是历史学科的特色，而且可以打开学生的思维，锻炼学生动手与动脑能力，为学生核心素养的发展夯实基础。探究性活动应促进学生的主动学习和自我引导的探索。这意味着教师需要提供适当的指导，但同时留给学生足够的空间来自主操作。活动设计应包括明确的研究问题、研究方法的指导和期望的研究成果。教师可以设置具体的里程碑和反馈环节，帮助学生在探究过程中保持正确的方向和进度，同时调整他们的研究策略。

探究性教学活动的设计应重视过程的记录和反思，因为它不仅帮助学生跟踪和监控自己的学习进度，还促进了深层次的思考和理解。在高中历史微项目教学活动中，教师应鼓励学生维护详尽的学习日志，记录从项目开始到结束的每一个阶段：包括他们如何选择主题，如何收集和筛选信息，遇到的挑战，以及他们如何解决这些问题。学生应被鼓励写下他们的思考和感受，例如在研究过程中的新发现以及这些发现如何改变了他们对历史事件的看法。这种记录和反思的过程对于培养学生的批判性思维和元认知能力至关重要。通过反思，学生可以评估和分析自己的学习策略和方法，了解哪些方法有效，哪些需要改进。这不仅帮助他们在当前项目中取得更好的成果，也为他们将来面对复杂问题时提供了宝贵的经验和自信。教师可以通过定期审查这些日志，提供反馈和指导，进一步指导学生如何有效地调整和优化他们的学习过程。这种互动确保学生能够从自身的经验中学习，并不断提高其历史思维和研究技能。

（3）教学活动应具有指导价值，能够帮助学生在完成项目后对所学知识有更深地理解和反思。这意味着每一个活动都应该有明确的学习目标，并且与课程的核心知识和技能紧密相关。每项活动的设计都应考虑如何通过实际操作使学生的理论知识与实际情境结合。

教学活动的指导价值还体现在活动结束后提供的反思和评价机会。教师应设计机制让学生在活动结束后能进行深度反思，如通过小组讨论、学习日志或反馈会议的形式。这些反思活动帮助学生评估自己的学习策略和成果，识别在学习过程中的成功和挑战，从而进行自我调整和优化。例如，学生在完成关于某历史事件的微项目后，可以通过展示会向同学和教师展示他们的研究成果，并接受来自同伴和教师的反馈。这种互动不仅促进了知识的共享，也强化了学生对自己研究成果的理解和批判性思考。

（4）教学活动设计应考虑知识与能力的迁移。这种迁移不仅是学生将在课堂上学到的知识和技能应用于新的、实际的情境，而且是他们在解决现实世界问题时的指导力。有效的知识迁移能够使学生不仅在学术上取得成功，还能在个人和职业生活中发挥所学。教学活动的设计需要确保活动内容与学生现实生活的联系紧密。这可以通过选择与学生日常生活或当前社会事件相关的历史主题来实现。通过这种方式，学生能够看到历史学习的直接相关性和实际应用。

为了促进有效的知识迁移，教学活动设计必须具有实际操作性。这意味着活动不仅要求学生理解历史知识，而且要求他们将这些知识应用于解决具体问题。教学活动应鼓励学生进行反思和讨论，这是知识迁移的重要组成部分。通过反思活动中的决策过程和结果，学生可以更好地理解他们的学习如何与更广泛的世界相联系。这可以通过组织辩论、讨论会或写作反思来实现。例如，学生在研究特定历史事件后，可以写一篇论文，探讨如果将历史教训应用于今天的社会政治环境，会有什么不同的结果。

（5）教学活动的设计需要以多样性以适应不同学习风格的学生。这包括探究性学习、问题基础学习、辩论和模拟活动等。多样性不仅体现在教学方法上，还应涵盖活动的类型和实施方式，从而促进学生的全面发展，特别是在历史思维能力、批判性分析能力和创造性解决问题的能力上。为了确保活动能够覆盖不同学习风格的学生，教师应设计视觉、听觉和动手操作等多种类型的教学活动。例如，通过制作时间线或历史事件的故事板，可以让学生在视觉上更好地理解历史流程；在听觉学习上，学生可以通过历史播客或讲座来学习。

二、微项目教学的实施过程

高中历史微项目教学的实施过程包含六个方面，如图 3-1 所示。

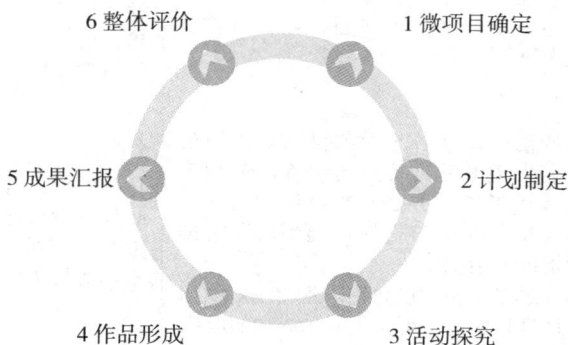

图 3-1 高中历史微项目教学的实施过程

高中历史微项目教学实施过程的具体要求如表 3-1 所示。

表 3-1 高中历史微项目教学实施过程各个环节的具体要求

过程	要求	注意事项
微项目确定	选择课程中，学习枯燥，学生记忆知识困难，无法转化为内化知识的内容，确定微项目； 确定项目所要达到的具体教学目标，这些目标应与课程标准和学生的学习需求紧密相关，且目标应具体、可测量，并与学生的长期学术发展和核心素养相结合	项目主题要与课程内容和学生兴趣相符的主题，确保主题具有教育价值和学生的参与度； 主题应具有一定的开放性，允许多角度的探索和讨论
计划制定	计划制订应依据学校的教学大纲和教学目标，确保与教学要求一致。为了确保微项目的顺利执行，教学计划还需要根据学生的实际情况进行合理的时间安排和调整，还需要考虑学生的知识水平和技能，以及他们获取知识的习惯	在制订计划过程中，应确保从项目实施到结束的每个环节都能促使所有学生积极主动参与，并通过小组合作的方式有效完成任务

过程	要求	注意事项
活动探究	活动探究推崇"学生为主，教师为辅"的原则，贯彻"以学生为中心"的教学理念。促使学生在自主探究和小组合作的过程中，增强其分析问题、解决问题以及组织协调的能力	探究活动的开展可结合线上与线下资源，这样做不仅能够充分利用线上资源的丰富性来扩展学生解决问题的视角，还能通过信息化手段提升教学效率
作品形成	教师应随时了解各小组的微项目进展情况。若发现某些项目进展缓慢，教师应适时提供指导，务必及时跟进，为学生提供足够的帮助与指导，遇到问题根据实际情况灵活调整[①]； 但不宜过多干预，以允许学生自主解决问题，适度让学生经历从失败到成功的磨炼	作品的形式可以多样化，不必局限于特定的形式，只要能有效达到巩固知识和提升素养的目标即可
成果汇报	成果汇报环节不仅是对学生在项目探究和问题解决过程的整体总结与梳理，而且是培养学生归纳总结能力和语言表达能力的有效方式。 在这一环节中，应鼓励学生分享和交流不同观点，锻炼和提升他们的逻辑思维能力和独立解决实际问题的能力	注意激发学生的竞争意识，以及促进学生之间的合作
整体评价	在微项目教学实施过程的整体评价环节，要求以多元方式进行整体评价。这种评价方式包括学生个人自评、小组内部评价、小组之间的互评及教师评价。 教师在初步验收学生提交的成果后，应与学生共同进行详细分析，以确保评价的全面性和专业性。这样的多角度、多主体的评价机制不仅能增强评价的客观性和公正性，还能为学生提供更具针对性和实用性的反馈和改进意见，从而促进学生技能的全面提升和个人能力的持续发展	整体评价期间，学生们可以对自己的项目进行自我反思和评价，还能对其他小组的成果进行点评。在评价过程的最后，全体人员进行微项目的总结讨论。让学生综合表达自己的见解和学习体会，同时也能从他人的反馈中获得宝贵的学习经验和改进建议

① 张文静.对项目式学习的科学认识等手段来提高项目式学习在中学历史教学中实施的质量[D].济南：山东师范大学，2021：41.

三、教学活动与实施的优化

（一）以学生为中心，建构历史教学中的微项目

在高阶思维引领下的高中历史微项目教学活动中，要突出学生的主体性。现代教学需要转变传统的教学焦点，不再单纯侧重于"教"，而是更加注重如何有效地引导学生进行自主学习。微项目教学强调在确认学生作为学习主体的基础上展开，通过精心构建与课程目标紧密相关的微项目主题来实现。这种方法不仅提升学生的学习积极性，也促进了他们对知识的深入理解和应用，使学习过程更具参与感和探索性。

一要立足教材整体视角，微项目教学要以"点"为形式，体现教学内容的精炼和集中，从而使教学更具开放性和灵活性。教师应系统地梳理微项目相关的章节知识，全面理解和把握教材的结构和重点，确保每个选定的微项目都能够在知识的连贯性和逻辑性上得到有效支持。通过这种方式，微项目不是孤立的学习任务，而是与整体教学目标和学科知识体系紧密相连的一部分，为微项目的顺利开展和深入探究提供坚实的知识基础和理论支撑。这种方法有助于学生在掌握具体知识点的同时，能够更好地理解其在更广泛历史背景中的意义和作用。

二是在微项目的活动探究环节中，教师应当坚持以教材为基础。在深入挖掘教材内容的同时，引入创新元素以丰富教学方法和手段。这种结合既保障了教学的规范性，又能有效激发学生的学习兴趣和探究欲望，这样让学生在熟悉的学科框架内体验到新鲜的学习方式。这种创新不仅增加了学习的趣味性，还有助于学生在探究活动中主动寻求知识，进而提高他们的分析和问题解决能力，使学习过程变得更加生动和有效。

三要针对微项目进行科学规划，采取多视角和模块化的方法来设计教学任务。通过教研室的协作，集思广益，搜集和整合不同的意见和建议，可以确保微项目覆盖历史学科的核心概念。每个模块都应设计得既独

立又相互关联，确保学生在学习过程中能系统地理解和掌握知识。同时重点关注成果展示环节，系统展示学生的学习成果，打造整个教学活动的连续性，使得学生能够在一个连贯的学习链中见证自己的成长和进步。

（二）系统整合线上线下学习资源，指引学生完成学习计划的制订

要想成功实施微项目教学，教师需要在教学活动开展前指引学生制定合理的学习计划，然后根据实际情况整合资源。这个阶段的教师需扮演资源整合者和学习指导者的双重角色，确保学生能在有限的时间内高效学习。

教师的资源整合并不是要直接向学生提供教材资料。鉴于学生面临的重大学习任务和时间紧迫性，教师需要提前进行细致的资源整合工作。这包括从丰富的教学材料中提炼关键点，这样学生就能更容易理解和记忆。对于线上资源，教师可以适当提示一些与课程目标紧密相关的资料，例如教学视频、互动式模拟和专题数据库等，让学生能够在充分理解教学内容的基础上，更有效地完成学习任务。教师还应该关注资源的多样性，结合学生的学习风格和需求，为学生提供多种学习路径和工具，确保每位学生都能在适合自己的方式中达到最佳学习效果。

为了确保学生能够更有效地接收和利用教学材料，教师需在立足教材的基础上不断优化教材内容，并坚持使用简洁明了的语言来阐述教学点。这不仅使教材更加贴合学生的认知水平，也便于学生理解和记忆。同时，教师应充分考虑到学生分析和思考的时间，避免过于紧凑的教学节奏，让学生有足够的空间进行深入探讨。通过增加学生在教学过程中的主动参与度，可以有效提升他们的学习动力和能力，确保教学活动不仅传授知识，更加注重学生能力的整体提升。

（三）教学方法的改进与创新

在当前教育改革的浪潮中，微项目教学作为一种革新的教学模式，

其核心在于通过创新教学方法来提升教学的有效性。微项目的设计不仅仅是内容的再组织，更是教学方法革新的体现。微项目教学要突破传统的课堂教学模式，将微项目与翻转课堂、案例探究结合起来，以项目效果为导向，开展多模式教学。通过实施翻转课堂，教师可以将课堂上的讲解视频等材料提前给学生，课堂时间则用来解决学生在学习过程中遇到的问题，进行深入讨论或者开展小组合作，这样不仅提升了课堂的互动性，也提高了学习的趣味性和效率。案例探究可以提供真实的学习情境，使学生能够在解决实际问题的过程中应用所学知识，这种方法能够有效地将理论与实践相结合，提高学生的问题解决能力。通过分析具体案例，学生不仅能够学到历史知识，还能够从中学到如何分析问题、如何论证自己的观点及如何从新的角度提出问题解决策略。

（四）重视教学总结与评价

教师在组织微项目教学活动的过程中，要突出总结与评价的重要性，总结与评价的有效进行，可以显著提升微项目的教学价值。教学总结与评价要全面覆盖微项目的各个方面。这包括学生在项目中的表现、学习成果、合作态度以及解决问题的能力。通过对这些方面的综合评价，教师可以得到每个学生在项目中的具体表现，了解学生在学习过程中的强项和弱点。这种评价方法有助于教师针对学生的具体需求进行个性化教学调整。

教学总结与评价应注重学生的参与态度和心理状况的观察。这不仅关乎学生的学习成绩，更关乎学生的情感、态度和价值观的培养。例如，教师可以通过观察学生在团队合作中的互动，了解他们的领导能力、团队协作精神和责任感。通过这种评价，教师可以更好地指导学生如何在团队中发挥自己的长处，如何有效地与他人沟通和协作。评价过程应该具有开放性和多元性。传统的教学评价往往侧重于学术成绩的衡量，而忽视了学生的创造性思维和问题解决能力的培养。在微项目教学中，评价应该更多地关注学生如何应用所学知识解决实际问题。这可以通过项目展示、口头报告、同伴评价等多种形式进行。这种多样化的评价方式不仅能提供更全面的反馈，还能激发学生的学习热情和创新精神。

　　教学总结与评价应该强调反思和自我改进的重要性。通过反思会议或书面反思报告，学生可以系统地回顾自己在项目中的表现，识别自己的优点和不足。教师也应该在评价过程中提供具体的、建设性的反馈，帮助学生理解如何在未来的学习中更有效地利用自己的优势，如何克服遇到的困难。

第三节　成果展示与评价

一、成果展示的形式

　　项目成果通常指向驱动型问题，它详细阐述了问题的结论及推导过程。这种成果不仅展示了学生对问题深入思考的能力，也表现了他们如何实际应用逻辑和证据来支撑自己的观点，同时体现了学生在合作中的团队精神和协作能力，显示了团队成员间的相互作用和集体解决问题的过程。这些成果体现了学生思考的真实性和深度，是他们学习成效的直观表现。而成果展示形式也应多样化，要能够全面反映学生在历史学习过程中的探究能力、思维深度以及合作精神。

　　第一，成果展示的形式可以是多媒体视频展示。这种方式特别适合表达历史事件的动态过程或者复杂的历史现象。通过视频，学生可以利用图像、声音和文字等元素，生动地再现历史场景，或者创造性地解读历史事件。例如，学生可以制作关于某个历史事件的微电影或动画，通过故事叙述的方式增强历史事件的感染力，使得历史学习更加生动和具有吸引力。

　　第二，PPT 展示是成果展示中的一种高效方式，特别是在需要清晰表达复杂历史数据和逻辑关系时。它允许学生利用幻灯片的形式整合大量的历史数据、图表、时间线以及相关历史解析，有助于系统地展示其对特定历史问题的研究过程和结论。PPT 展示的结构通常包括引言、研究方法、主要发现、分析讨论和结论等部分，每一部分都可以详细阐述学生在研究中的关键发现和思考。PPT 展示的优势在于其视觉呈现的丰富性，使得复杂的历史事件和数据通过视觉化元素变得更加易于理解和吸引人。学生可以通过嵌入相关的图片、地图和引用原始文献的扫描件，增强其论述的权威性和吸引力。同时，PPT 的逐步展示特性有利于学生按照设定的逻辑顺序理解整个历史论点，有效地在有限的时间内传达项目成果。

通过精心设计的 PPT，学生不仅能够展示他们的研究成果，还能通过直接和间接的交互反馈收集问题和意见，深化对项目主题的理解和讨论。这种展示方式不仅提高了学生表达和沟通的能力，也加深了他们对历史研究方法和批判性思维的运用。

第三，书面报告则是成果展示的另一种形式，它强调内容的深度和细致，特别适用于那些需要深入分析和详细论述的项目。书面报告通常包括研究背景、研究方法、研究过程、结果分析以及结论等部分。在书面报告中，学生需要展示他们对所研究历史事件的全面理解，从引入背景信息，到描述他们如何采集和分析数据，每一步都必须清晰准确。报告内容和结论能反映学生的批判性思维和能力，通过系统的方法展现研究过程的合理性和科学性。结果分析部分应尽量使用详细说明来支持结论，学生需要在此部分展现他们的逻辑推理能力和历史分析技能。最终的结论则应总结研究发现，并可能提出新的研究问题或建议。

在书写报告时，学生还需正确使用历史术语，合理引用历史文献和原始材料，确保报告的科学性和严谨性。这不仅展示了他们的历史学科写作能力，也反映了他们对历史研究方法和规范的理解和运用。通过书面报告，教师能够有效评估学生的研究能力和历史知识掌握情况，同时也是学生展示个人研究成果的重要平台。

二、项目成果的评价标准制定与应用

在微项目教学中，合理的评价标准的制定及其应用对于激励学生的学习动力和深化学习理解至关重要。高中历史微项目教学通过多维度的评价标准，不仅衡量学生的学习成果，更引导学生进行深入思考和持续地学习改进。

第一，评价标准的制定应基于明确的教学目标。每个微项目的设置都应围绕核心历史概念和预期的学习成果展开。评价标准不仅要涉及学生对历史知识的理解和掌握，还应包括其在批判性思维、创新思维和解决问题等高阶思维能力方面的发展。有效的评价标准制定需基于教师对教学内容的深入理解与对学生学习需求的全面掌握，确保评价能全面反映学生的学习情况和能力提升。

第二，评价方法应采用形成性与总结性评价的结合，以确保对学生的学习过程和最终成果都进行全面的监测和反馈。形成性评价侧重于学习过程中的实时反馈和调整，这种评价方式关注学生在项目中每一个阶段的学习状态、进展和问题。它不仅帮助教师监控学生的学习进度，更重要的是通过及时的反馈促使学生识别和解决在学习过程中遇到的问题，增强他们的问题解决能力和自我调节能力。形成性评价的典型做法包括但不限于教师对学生的日常作业、小测验、学习笔记、课堂表现等进行持续观察和即时反馈。总结性评价则发生在微项目教学的最后阶段，主要是对学生在整个项目中的学习成果进行评估。这包括学生的项目报告、最终作品或者展示的评价，它反映了学生是否达到了预定的学习目标，学到了哪些知识，以及如何将这些知识应用于实际情境中。总结性评价的形式多样，可以是教师的评语、评分，或者同伴评审，还可以包括外部专家的意见，以确保评价的客观性和多元性。

在实施评价的过程中，教师应该注重评价的透明度和公正性，确保所有评价标准和方法对学生明确，且评价过程开放、公正。同时，评价应具有建设性，即评价的目的是提升学生的学习效果，而非仅仅作为一种考核手段。这要求教师在评价后能提供具体、操作性强的反馈，帮助学生理解自己的优点和不足，在未来的学习中做出相应的调整。教师应将评价反馈与学生的讨论和教学改进紧密结合，通过评价结果调整教学策略，优化教学内容，使教学活动更加贴合学生的实际需求和学习情况。通过这种动态调整，教师可以确保每位学生都能从微项目教学中获得最大的学习收益，进而全面提升教学的质量和效果。

第三，评价标准应具有多维度特征，能够全面反映学生的多方面能力。这包括知识掌握程度、技能运用、创新表现及团队合作等方面。每个维度都应有多种评价工具和方法，如学生互评与自评、教师观察与评价等，以便提供更全面、更客观的评价结果。

三、项目成果的学生互评与自评

学生互评与自评的评价方式不仅促进学生从同伴学习，也强化了他们的自我监控和自我提升能力。通过互评与自评，学生可以在更宽的视角下审视自己的学习成果和过程，同时也能通过评价他人的工作来深化对知识的理解和应用。

（一）组织学生互评活动

教师需要帮助学生明确互评的目标和标准。这包括明确学生在评价中需要关注的具体内容，如同伴的思考过程、解决问题的策略，以及他们的表达和交流技能等，不仅要评价同伴的成果，更应关注其工作过程、思维方式等。这样的评价过程促进了学生之间的正向互动，增强了学习的社会性和协作性。明确的评价标准不仅帮助学生理解评价的重点，也保证了评价过程的公正性和客观性。在制定评价标准时，教师应考虑到学科特性和学生的实际能力，以确保标准的适宜性和挑战性。教师应设计具体的评价流程和方法。评价活动应包括清晰的指示和充足的准备时间，让学生有机会充分理解他们的任务和责任。教师可以通过示范或提供评价模板来帮助学生学习如何进行有效的评价。确保评价过程中每位学生都能参与并发表意见，是保证评价效果的关键。

在评价过程中，教师的引导和监督至关重要。教师应在活动中扮演观察员和调解员的角色，注意观察学生在评价过程中的互动和反应。在必要时，教师应介入，提供指导和支持，帮助学生解决评价过程中遇到的问题。例如，如果发现学生评价过于主观或存在偏见，教师应立即提供反馈和纠正建议。教师应在活动后组织反思和讨论会。这可以帮助学生总结评价活动中的经验，理解同伴评价的价值。

（二）引导学生进行自我反思与评价

引导学生进行自我反思与评价不仅是学生学习历史的过程，更是他们自我成长和自主学习能力发展的关键。通过系统的自我反思与评价，学生能够深入理解历史知识，同时提升自我分析和解决问题的能力。自评过程中，学生需要对自己的学习成果进行深入分析，可以主动探索和分析自己在学习过程中的表现，识别自己的强项和弱点，并据此制定改进策略。这一过程要求学生不仅仅是回顾和总结知识点，而是要对自己的学习策略、思维过程进行深刻的思考和批判性的评估，从而更好地掌握学习的主动权。

有效的自我反思与评价应包括多个维度，如认知、情感和行为。认知维度的评价聚焦于学生对历史知识和概念的理解程度以及这些知识的应用能力。学生应评估自己在理解复杂历史事件、关键人物及其影响等方面的能力。这包括反思自己是否能够清楚地解释历史现象和它们之间的因果关系，以及是否能够批判性地分析各种历史来源的可靠性和偏见。情感维度涉及学生在学习历史过程中的情感体验、态度和价值观的变化。这个过程中，学生应反思学习历史给自己带来的影响，包括对历史人物或事件情感变化，以及这些变化如何影响了他们对现实世界的看法和态度。行为维度则着重于学生在实际操作中的表现，特别是在小组合作和项目完成中的团队协作能力。学生应评估自己在团队中的角色，自己对项目成功的贡献及在解决问题和协调不同意见中的表现。

教师在引导学生进行自我反思与评价时，应提供具体而明确的指导。这包括教育学生如何设立具体的评价标准，如何使用工具和技巧来进行自评，以及如何根据评价结果制定个人的学习计划。教师可以通过示范、讨论和提供反馈的方式，帮助学生掌握自我评价的方法，确保学生在自评过程中的客观性和真实性。教师还应鼓励学生将自我反思与评价的结果用于未来的学习规划。通过将自评结果与个人学习目标相结合，学生可以更加明确自己的学习方向和提升策略。例如，学生可能识别到需要加强的历史分析能力或批判性思维技巧，然后在后续的学习中专门针对这些领域进行强化训练。

四、项目成果的教师评价与反馈

在高中历史微项目教学中，教师的评价与反馈是确保教学质量和学生学习效果的关键环节。这不仅涉及对学生项目成果的评估，还包括对整个学习过程的监督和指导。有效的教师评价与反馈能够直接影响学生的学习动机、自我认知以及未来的学习策略。教师评价应该是多元化的，例如，教师可以通过观察学生的研究活动，检查学习日志，或者组织小组讨论来收集关于学生学习状态的信息。在微项目教学的成果展示阶段，主要评估学生的最终成果和学习成效，如通过项目报告、演示或其他展示方式来综合评价学生的历史理解和技能应用。在教师反馈方面，反馈应当及时提供，以确保学生能够在当前或未来的学习中应用这些反馈。快速反馈可以帮助学生在保持学习动力的同时，修正错误，改进学习方法。

第四章 高中历史微项目教学实践案例分析

第一节 案例选择与分析方法

一、案例选择的标准

（一）与高阶思维的关联性

与高阶思维的关联性要求案例的选择必须具备一定的挑战性和复杂性。这种复杂性应当体现在案例所包含的历史事件、人物、理论或概念上，使得学生需要动用比较、对比和批判性思考等能力来深入理解案例内容。这种分析不仅提升学生理解历史多因素交互作用的能力，也锻炼了他们的综合分析能力。

高阶思维的关联性还体现在案例设计中必须促进学生的创新思维。实践案例应当鼓励学生不满足于现有的知识和解释，而是要探索新的可能性和提出创新的解决方案。例如，可以要求学生在分析某一历史事件的基础上，提出一个可能的历史发展的替代方案，或者对历史事件的传统解释提出挑战。这样的活动能够激励学生跳出传统框架，进行创造性思考。与高阶思维的关联性还意味着案例应当有助于培养学生的批判性思维。通过对历史事件和人物的深入探讨，学生能够学习如何识别偏见、分析论据的强弱，并对不同的历史解释持批评态度。例如，通过研究不同历史学家对同一事件的解读差异，学生可以学习到历史知识的相对性，理解历史学的复杂性和多元性。

（二）具有微项目的代表性和教学价值

案例的选择应能够体现微项目的特点，如探究性、参与性和实践性等。这种案例应该能够促使学生不仅仅是接收历史知识，而是通过主动探索和解决问题来理解历史现象。案例还应能与学生的现实生活连接起来，使学生能够看到历史学习与现实世界的联系。通过这种连接，学生可以更好地理解历史知识的现实意义和应用，从而增强学习的动机和参与感。例如，通过研究某个历史时期的经济政策，学生可以探讨这些政策对今天经济决策的启示和影响。

教学价值是案例必须考量的另一重要方面。教学价值高的案例应能够有效地促进学生的学习动机和参与度，激发学生对历史学习的兴趣。这包括案例是否能够引发学生的思考、是否促进学生之间的互动以及是否帮助学生发展核心的历史思维技能如批判性思考、因果分析和多角度比较等。教学价值还包括案例是否有助于实现课程的具体教学目标。教师在选择案例时，应考虑案例是否能够帮助学生达到既定的学习成果，比如是否能够通过案例学习提高学生的历史文献分析能力，或者是否能够通过案例讨论加强学生的历史论证技巧。

（三）案例可获取性和完整性

案例的可获取性确保所有相关的教学资源和材料对于教师和学生都是可访问的。为了实现这一目标，教师需要确保所有必要的教学资源，包括图书、学术文档、多媒体材料及其他相关教育资源，都可以通过便捷的途径获得。这通常意味着，教师需要充分利用学校图书馆的收藏资源；同时，教师也需要熟悉和利用在线数据库和其他数字资源平台，如学术期刊网站、专业历史资源集合等，以便学生和教师可以随时访问到最新的研究成果和历史资料。这样可以减少学生在探究和学习过程中的阻碍，使其能够全面地接触和分析历史事件。

案例的完整性要求所选的历史事件或主题必须有足够的资料支持其全面研究。这包括不仅有基本的历史图书和文档，而且还要有丰富的档案资料、文物、图像和影像资料等。这些材料的广度和深度应足以支撑学生对案例的深入分析和理解。完整性的保证是深度学习的前提，使学生能够从多角度和多维度理解和探究历史事件。否则可能导致学生的学习过程中出现信息断层，影响教学效果。

二、案例分析原则与方法

（一）案例分析原则

1. 全面理解案例

在进行案例分析之前，必须对案例进行全面理解。这包括对案例中的问题、背景、相关数据和信息进行仔细研究和分析。只有全面理解了案例，才能进行深入的分析。一是要掌握案例的历史背景和发展脉络。这包括对案例时代的政治、经济、社会和文化背景的深入了解。二是全面理解案例还要求对事件中的主要人物、关键决策和重大转折点有清晰的认识。这涉及对历史资料的精读和批判性分析，以及对这些材料的真实性和偏见进行评估。三是对相关数据和统计信息进行分析。在高中历史微项目教学中，经常会涉及对战争、经济危机、社会变迁等的主题，里面会涉及数量分析，在微项目实施过程中便应该包含收集和解读这些数据，如何将数据与历史事件关联起来，以及如何通过数据支持或反驳某一历史解释。

2. 多角度分析

高阶思维引领下的高中历史微项目教学涉及分析、评估和创造等能力的培养，因此案例分析需要从多个角度进行思考和分析。第一，与教学目标结合度分析是案例分析中的基础。教师需要确保所选择的案例与教学目标紧密相关，每个案例都应有助于达成既定的教学目标。例如，如果教学目标是提升学生的历史批判性思维能力，那么案例应该涉及复杂的历史事件，需要学生评估不同的历史叙述和解释。第二，微项目主题分析要求在分析案例时必须关注案例中的中心主题或驱动型问题。这可以帮助分析人员理解该项目案例的核心内容和重点。项目中的主体和驱动型问题应能引导学生在已有知识和能力的基础上进行深入的研究和讨论。有效的驱动型问题可以促使学生从不同的角度审视问题，从而达到更深层次的学习和理解。第三，项目案例中的合作分析强调关注学生在案例分析中的合作过程。通过小组讨论和协作，学生能够共享信息，互补思想，合作解决问题。这不仅考查学生的沟通和协作能力，还能够通过多元的视角加深对案例的理解。第四，知识与能力运用分析着重于学生如何将学到的知识和技能应用到实际情境中。教师应引导学生思考如何利用他们的历史知识和技能解决具体问题或进行有效的案例分析。第五，素养养成分析则关注于案例中的微项目教学能否帮助学生培养和发展个人素养，如批判性思维、解决问题的能力，以及道德和伦理观念。

3. 案例分析需循序渐进

案例分析的过程应逐步推进，由表及里。这样可以让对案例的分析经历从整体到部分，再从部分到整体的科学过程。第一，案例分析的开始阶段应集中于对案例背景的充分理解。只有充分理解了案例中微项目的背景信息，分析人员才能在后续的分析中准确地定位问题和讨论重点。第二，案例分析应逐步展开，逐个解析案例中的关键元素和复杂问题，分析其与教学目标的适应性和学生现状的契合性。第三，案例分析应深化到对具体细节的把握。在这一步骤中，分析人员需要利用从案例背景和初步分析中获得的结论，对案例进行更细致的研究。这可能包括对文献的详细分析、对数据的解读或对影像材料的视觉分析。这一阶段的分析能够更全面地理解案例的多个方面，加深对案例的综合认识。第四，案例分析应以生成综合见解或解决方案结束。在这个最终阶段，分析人员需要整合其对案例的所有分析，形成一个明确的结论或提出相应的解决对策。只有通过这样循序渐进的案例分析，才能对微项目教学案例进行全面把握。

（二）案例分析方法

为了对高中历史微项目教学案例进行更加有效的分析，需要采用一些科学的分析方法，如定性分析和定量分析。定性分析能够深入挖掘案例的背景、动机、影响力，揭示事件的多层面性质。这种分析方式能让案例的叙述性和情境性得到充分展现，增加案例的教学价值和吸引力。与此同时，定量分析通过数据支持，提供可量化的评价指标，如统计学习成果的变化，比较不同案例或不同教学方法之间的效果。结合这两种分析方法，可以从多个维度验证案例的教学效果，确保微项目教学的科学性和适应性。

1. 定性分析方法

定性分析方法是历史教学中常用的一种分析方式，主要包括叙述性分析和内容分析两种形式，特别适用于处理复杂的历史文本和叙述。这些方法能够深化对案例本身的理解，并揭示隐藏在历史叙述背后的深层结构和意图。

第一，叙述性分析关注于历史文本中的语言使用、结构布局以及叙述者的目的，使分析者能够识别不同历史叙述所采用的叙述策略和表达技巧。在对微项目案例进行叙述性分析时，如分析关于美国独立战争的案例文本，分析者不仅关注于事件的表面描述，还要更深入地探讨了参与者如何通过语言选择和事件呈现来推广特定的历史观点或政治立场。叙述性分析还涉及对文本中的语言模式、话语使用以及叙述连贯性的考察，帮助揭示叙述者可能的意图和叙述背后的深层结构。这种分析有助于理解案例中的历史叙述如何构建社会记忆，以及如何通过叙述来构建或重塑历史事件的认知框架。

第二，内容分析为高中历史微项目教学案例分析提供了一种系统的方法，使得研究者能够通过量化的方式分析案例中的关键词、概念或符号的出现频率和分布。这种分析方法特别适用于案例中含有大量的文本资料，从而揭示历史叙述中的主题和强调点的演变。

在使用定性分析方法分析微项目教学案例时，需要遵循一定的原则以确保分析的有效性和历史的真实性。一是定性分析必须以唯物史观为指导原则。这意味着分析者需要确保对历史事件的理解基于实际发生的社会经济条件和历史背景，避免对历史人物或事件进行错误的归纳或主观的解释。历史分析的每一个判断和结论都应当建立在对事件基本特征的全面理解之上，确保案例分析不会因个人偏见或信息错误而导致误解。二是定性分析必须以历史分析为基础，严格遵守历史发展的客观性。这要求分析者不仅要深入挖掘案例中的历史事实，还要准确理解这些事实在当时的历史环境中所扮演的角色和产生的影响。定性分析应避免对历史事件的任何超越性解释，如将现代观念或价值观强加于历史事实之上，从而确保分析结果不偏离历史真实。三是定性分析必须基于充足的资料和对主要矛盾的深刻把握。分析者应全面收集和利用相关的历史文档、档案资料、目击者叙述等，这些资料是分析的基石，帮助揭示和理解案例中的主要矛盾和关键问题。准确的事实基础将使得定性分析更加精准和权威，确保能够从关键依据出发，以事实为基础进行合理的推理和定性。

2. 定量分析方法

定量分析方法则提供了一种不同的视角，通过数字和统计方法，定量分析为微项目教学案例提供了一种科学严谨的研究途径，使得历史教学不再依赖于叙述和描述，而是可以通过实际数据来支持学生的学习和理解，增强了微项目教学的科学性和精确性。

定量分析方法能够帮助教师和学生在历史研究中形成基于证据的结论。通过收集和分析历史数据，学生可以从数理逻辑的角度验证自己的历史假设，形成科学的历史论述。这种基于数据的分析方法强调证据的重要性，避免了历史解释中的主观臆断，使学生的历史学习更加客观和准确。

3. 结合定性与定量两种分析方法

定性与定量分析方法的结合，即在同一分析框架下，使用定性数据来解释人物行为、历史背景、事件的内在意义和复杂性，同时采用定量数据来验证假设、测量事件影响或揭示数据趋势。这种混合方法使案例分析者能够穿透微项目案例的浅层次表征，深入案例的核心层面，理解案例背后的多层因素。这需要案例研究者能够充分理解两种方法的基本原理，以及如何正确地将这两种方法结合使用。

第二节　微项目教学在实践中的具体实施

一、设计微项目主题，确定驱动型问题

在高中历史微项目教学实践中，教师首先要考虑如何根据历史课程内容和学生兴趣选择项目主题，一个好的主题不仅能吸引学生的兴趣，还能有效地促进他们的高阶思维能力的发展。在确定了微项目的主题后，

教师需要设计相应的驱动型问题，这些问题应当能够引导学生进行深入的思考和探究。驱动型问题的设计要点在于它必须既具有挑战性，又能够直接关联到核心的历史概念和学习目标。这样的问题不仅促使学生回顾和分析具体的历史事件，还激发他们对影响现代社会的历史因素进行批判性思考。

我们通过对普通高中历史教材第 14 课内容进行梳理后得出：在这个历史阶段中，党的指导方针和基本政策正确，取得的成就是辉煌的，学生对于本课内容的学习可以更好地体会到我党的伟大领导和辉煌成就。我们选取本课的第三个条目"一战后的国际秩序"中的"巴黎和会"作为本课的主题进行微项目教学，并确定了 2 个驱动型问题，如表 4-1 所示。

表 4-1　微项目主题与驱动型问题设计

微项目主题	巴黎和会（来自第 14 课"一战后的国际秩序"条目）	
驱动型问题	假设回到当时 1919年巴黎合会的历史现场，请以一个媒体记者的身份解释：如何看待巴黎和会	1.巴黎和会的概况，如会议内容等； 2.巴黎和会的意义
	结合所学知识思考巴黎和会与中国有什么关系	

二、制订微项目教学计划

（一）解析课程标准，厘清教学目标

我们以第 14 课"第一次世界大战与战后国际秩序"中的第三个条目"一战后的国际秩序"里的"巴黎和会"为核心来设计接下来的微项目系列活动。在此之前，首先必须对课程标准进行深入解析，特别是针对第 14 课的详细要求。这一步骤是至关重要的，因为它确保了教学活动的方向和目标与教育部门的要求严格对齐。通过准确解读课程标准，教师能够明白哪些历史知识点和技能是需要重点传授和强化的，以及学生通过学习应达到的具体能力。这种对课程标准的详细理解不仅帮助教师设

计出符合教学目标的项目，还能更有效地指导学生达到预期的学习成果。我们参照《普通高中历史学科课程标准（2017年版2020年修订）》中对第14课的课程要求，即"理解20世纪上半期国际秩序的变动"[①]。

根据课程标准要求，确定教学目标如下，具体如图4-1所示。

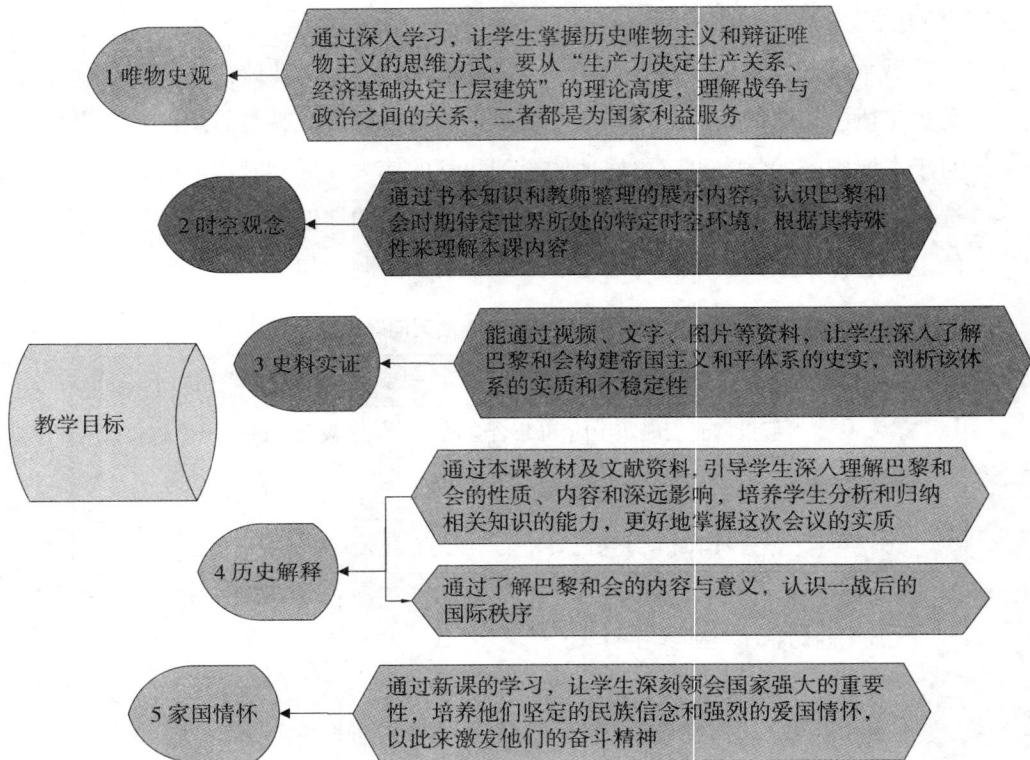

1 唯物史观——通过深入学习，让学生掌握历史唯物主义和辩证唯物主义的思维方式，要从"生产力决定生产关系、经济基础决定上层建筑"的理论高度，理解战争与政治之间的关系，二者都是为国家利益服务

2 时空观念——通过书本知识和教师整理的展示内容，认识巴黎和会时期特定世界所处的特定时空环境，根据其特殊性来理解本课内容

3 史料实证——能通过视频、文字、图片等资料，让学生深入了解巴黎和会构建帝国主义和平体系的史实，剖析该体系的实质和不稳定性

4 历史解释——通过本课教材及文献资料，引导学生深入理解巴黎和会的性质、内容和深远影响，培养学生分析和归纳相关知识的能力，更好地掌握这次会议的实质／通过了解巴黎和会的内容与意义，认识一战后的国际秩序

5 家国情怀——通过新课的学习，让学生深刻领会国家强大的重要性，培养他们坚定的民族信念和强烈的爱国情怀，以此来激发他们的奋斗精神

图4-1　教学目标之细化

（二）立足学生本身，分析具体学情，把握项目难易程度

在制定高中历史微项目教学计划时，教师必须从学生的具体学情出

① 中华人民共和国教育部.普通高中历史课程标准（2017年版2020年修订）[S].北京：人民教育出版社，2020：16.

发，准确把握项目的难易程度，以确保教学活动的有效性和适宜性。本节课的目标对象是高一年级文科班学生，这些学生在初中已有基本的历史学习经验，并在高中的历史学习中逐渐适应了更为复杂和深入的探究活动。然而，即便是在这样的背景下，学生的学习能力和学习热情呈现出显著的异质性，这对教学设计提出了更高的要求。

（1）教师需要对学生的历史知识基础和学习能力进行详尽的分析。经过初中至高中这半年的学习，高一年级的多数学生已经初步具备一定的理解能力和知识储备，能够较好地适应新的学习方法和课堂要求，但也有一部分学生的历史基础较弱，对理论性较强的内容表现出明显的不热情态度。这种差异性要求教师在设计微项目时，不仅要考虑如何激发那些已经具备较好基础的学生的探究兴趣，还要考虑如何支持那些基础薄弱的学生，帮助他们跨越认知的障碍。

（2）针对本节课的理论性较强的特点，教师应当设计能够引发学生兴趣和思考的驱动型问题。这些问题应当精心设计，既能够对接教学目标，又能够符合学生的实际认知水平。例如，可以通过引入具有争议性的话题来引发学生的讨论和深入分析，或者设计一系列递进式的问题，使学生能够逐步深入复杂的历史分析中。

（3）教师还需要关注学生在学习过程中的情感和态度变化。由于本节课的内容较为抽象，教师应通过多种教学策略，如故事讲述、角色扮演等，来提高学生的学习动力，使他们能够更好地与历史内容产生情感共鸣，从而提高学习效果。

（4）针对此阶段的学生具备一定知识基础但对问题的探究缺乏系统认识的特点，教师应通过学生不断的反馈和评估敏锐地捕捉学生的学习动态，灵活地调整教学策略。通过对学生学习过程的观察和学习成果的评价，教师可以及时了解学生对微项目的接受程度和学习深度，根据这些反馈来调整后续的教学活动。

三、微项目教学流程设计

（一）情景导入

（1）观看视频。视频简介巴黎和会的基本情况，教师通过讲解，让学生了解到巴黎和会的部分内容，为接下来的教学活动奠定基础。

（2）通过设置历史情境，重现1919年的巴黎和会这一重大历史事件和其中的主要国家，与他们一起经历100多年前的那一重要的历史时刻。教师通过让学生课前自行搜集资料，课中引导学生分析史料、观看图片等，让学生了解一战后的国际秩序。

（二）成立项目学习小组

学习小组的组建和运作是微项目教学实践中至关重要的一个环节。有效的小组合作不仅能促进学生间的互助与学习，也是项目成功的关键因素之一。在微项目教学中，教师在组建小组时需要考虑多个方面，确保每个团队都能在项目中发挥最大的合作效益。

（1）小组的组建基于学生的能力、兴趣和学习风格的差异，进行科学合理的分组是至关重要的。理想的小组人数为五到六人，这样的规模既能保证团队内部的交流和协作，又能避免过多的成员导致协调困难。教师需要精心考虑每个学生的个人特点和能力，尝试将具有互补技能的学生分在同一小组，做到"组内异质、组间同质"，从而实现团队成员间的能力平衡。例如，一个小组中可以包括擅长研究和分析的学生、善于沟通和表达的学生以及具有创意和设计能力的学生，这样的组合可以充分利用各自的长处，共同推动项目的进展。

（2）在组内成员的角色分配上，教师应明确指导，确保每位成员的角色和职责清晰。角色分配应根据学生的特长和项目需求来决定，例如，组织能力强的学生可以担任组长，负责统筹和协调整个小组的活动；具有良好写作能力的学生可以负责撰写项目报告；而擅长技术操作的学生则可以负责处理项目中的技术问题或数据分析。通过这样的角色分配，不仅可以提高小组的工作效率，也有助于每个学生在团队中找到自己的位置，增强他们的责任感和归属感。

（3）团队合作的高效性还依赖于良好的沟通与协调。教师应教授学生有效的沟通技巧和团队协作策略，如定期召开小组会议、使用协作工具记录进度和分工、建立反馈和修改的机制等。这些方法能够帮助小组成员及时了解项目进展，解决合作中可能出现的问题，确保项目顺利进行。

（三）教学流程

教学流程如表4-2所示。

表4-2　教学流程表

教学环节	教学内容		教学意图
问题情境课堂导入	让学生模拟不同身份参加巴黎和会		控制巴黎和会的三巨头；帝国主义参加会议的目的；巴黎和会的结果
驱动型问题1	假设回到当时 1919年巴黎和会的历史现场，请以一个媒体记者的身份解释：如何看待万隆会议	1.1919年巴黎和会的概况，包括会议议题及性质	通过对列强在和会上争夺与勾结的分析，使学生形成对巴黎和会的性质、帝国主义各自阴谋的正确认识；通过了解中国在会上的遭遇，使学生形成仇恨帝国主义的情感；激发学生为建设强大的祖国而努力学习的情感和为国奉献的精神
		2.1919年巴黎和会的结果	
		3.1919年巴黎和会的意义	
小组合作探究	为加深对巴黎和会与第一次世界大战的关系理解，可先回顾第一次世界大战参战的主要帝国主义国家的政治目的，然后指出：战争仅仅是帝国主义解决政治问题的手段，它仅为实现政治目的莫定了基础。而外交是政治的延伸，因而，争夺只不过从战场转移到谈判桌旁		

四、项目成果展示

项目小组可以选择其中一个驱动型问题进行研究、分析、展示。每个项目小组选派一名代表在全班进行展示，其他组员可以适当进行补充，全面展示本组研究成果，展示方式可以是 PPT、口头陈述、笔记展示、主题演讲及微视频等。

为提高学生的学习兴趣，学生可模拟巴黎和会场景，展开辩论。学生通过课前搜集、查阅的资料，根据巴黎和会的主要内容举行小型辩论会，培养学生语言表达能力、自主探究学习能力和合作意识。辩论会可由多名同学组成，其中一名同学做主持人，其他同学扮演与会大国代表。辩论过程中，同学们辩之有理，辩之有据，双方你来我往，在辩论中同学们加深了对巴黎和会相关知识的理解。

五、项目评价

在高中历史微项目教学中，项目成果评价不仅作为学习过程的回顾和反思的工具，提升学生的自我效能感，还为教师提供了实时反馈，有助于教师教学方法的调整和职业技能的增长。根据教学实践要求，微项目教学的评价应当实现主体多元化和方式多样化，确保评价过程的全面性和公正性。

（一）评价主体多元性

评价主体的多元化确保了教学评价过程的全面性和多角度的视野，其中涵盖了教师评价和学生评价。这样的评价机制不仅有助于提高评价的公正性和客观性，还能够从多个层面促进学生的学习和教师的教学改进。具体如表 4-3 所示。

表 4-3 多元评价表 [①]

评价总结	1.班级全体学生之间进行小组互评，可以提出相对应的意见，以及在他组同学做完汇报后，是否对核心知识点有了更深一步的认识等 2.教师首先对学生的研究成果进行肯定，进而可以根据评价表，进行总结性指导评价		
评价项目	评价标准	评价结果	
		学生	教师
汇报内容（50分）	1.观点明确（10分）		
	2.紧扣主题（10分）		
	3.思路清晰（10分）		
	4.内容丰富（10分）		
	5.逻辑性强（10分）		
语言表达（30分）	1.声音洪亮（10分）		
	2.用词准确（10分）		
	3.抑扬顿挫（10分）		
肢体表达（20分）	1.仪表端庄（10分）		
	2.举止自然（10分）		
总计（100分）			

（1）教师评价承担着评估学生学习成果的重要职责。教师的评价通常基于专业的教育理论和丰富的教学经验，能够从宏观和微观两个层面对学生的学习成效进行全面分析。在微项目教学中，教师不仅评价学生对知识的掌握程度，还包括学生在项目中的实际操作能力、问题解决能力和创新思维的运用。教师的评价还关注学生的学习态度和学习策略，这有助于教师发现教学中的不足，及时调整教学方法和策略，从而提升教学质量。

---

① 刘璇. 微项目化学习在高中历史教学中的应用研究 [D]. 通辽：内蒙古民族大学，2023：47.

（2）学生评价可以让学生进行自我监控和自我调节，这对于培养学生的自主学习能力极为关键，可以使学生有机会回顾自己的学习过程，反思自己的学习方法和学习效果，从而更加深刻地理解所学知识，并对自己的学习持续进行优化和改进。在此过程中，学生需要诚实地评估自己在项目中的表现，包括对知识的掌握程度、参与活动的积极性以及与同伴的协作情况等。

（二）评价方式多样性

（1）过程性评价侧重于学生在历史微项目中的日常参与和学习过程，而非仅仅关注最终的学习成果。这种评价形式包括但不限于自我评价、小组内评价和小组间评价等多种互动和反馈机制。通过这些评价，教师能够获得关于学生学习状态的连续数据，如学生的参与度、探究能力的发展以及团队合作技能的提升。

第一，自我评价使学生有机会定期反思自己的学习进程和个人贡献。在微项目教学中，学生被鼓励记录他们的学习体验和反思，包括他们如何处理探究过程中遇到的挑战和问题。这种自我监控的实践有助于学生识别自己的学习需求，调整学习策略，从而提高学习效率。自我评价标准如表 4-5 所示。

表 4-5　自我评价表

自我评价标准	得分	赋分标准
投入时间、精力的程度		非常好（20分） 好（15分） 一般（10分） 需要更加努力（5分）
个人主动性程度		
对小组的贡献		
目标的完成度		
核心素养的展现		
总　　分		

　　第二，小组内互评促进了学生间的协作和沟通。在微项目教学活动中，学生需要与小组成员共同完成一系列的研究任务，这些任务往往涉及复杂的历史问题或辩论题。通过小组内互评，每位学生都有机会表达自己对项目进展的看法和意见，同时也需要对其他成员的贡献提供反馈。这种过程要求学生们不仅要学会表达自己的观点，还要学会聆听和尊重他人的意见，从而增强团队合作精神和集体责任感。小组内互评可以帮助学生从多角度审视问题，发现自身的优点和不足。在互评过程中，学生被鼓励批判性地评估同伴的工作，这不仅可以帮助他们发现组内其他成员在项目中的亮点，也能指出可能的疏漏和错误，为改进工作提供方向。这种评价方式使得学生能够从同伴的成功和失败中学习，加深对历史学科核心知识和技能的理解。小组内互评也是一种促进学生自我反思和自我提升的工具。通过对同伴工作的评价，学生不仅在评价他人的同时，也在无形中审视和比较自己的工作。这一过程有助于学生识别和强化自己的学习策略和问题解决方法，进而提升个人的学习效率和质量。小组内互评具体标准如表4-6所示。

表4-6　小组内学生互评表

学生姓名	明确个人分工（20分）	活跃度（20分）	主动参与意识（20分）	倾听及尊重他人（20分）	是否积极为小组提供帮助（20分）	总分（100分）

　　第三，小组间评价则扩展了评价的范围，通过跨小组的互动和评比，进一步提高学生的学习动力和创造性思考。小组间互评的实施，是对学

生团队协作和竞争能力的一种考验，也是促进学生全面发展的重要手段。小组间评价通过展示和评比的形式，使学生能够直观地了解到其他小组在解决相似历史问题时的不同方法和策略。每个小组根据其独特的理解和探索，可能会有不同的解决方案和创新点，这种多样化的解决策略可以激发学生的思考，促使他们认识到除了自己小组的方法外，还有其他可能的方式来解释或解决历史问题。这不仅增加了学习的趣味性，也强化了学生的比较分析能力。当学生知道自己的工作将与其他小组的成果进行比较时，他们往往会更加努力地工作，以确保自己的成果不落后于他人。这种健康的竞争关系促使学生不断追求卓越，提高自身的历史学习和研究水平。这种竞争不限于学习上的成就，还包括团队合作和创新思维的竞争，有助于学生在多方面获得成长和提升。

通过小组间评价，学生可以获得宝贵的反馈信息，这些信息来自同龄人的观点和教师的指导。同龄人的反馈往往更加直接和贴近学生的实际感受，可以帮助学生从一个新的视角看待自己的学习，发现之前未曾注意到的问题或潜在的改进空间。同时，教师在小组间评比中可以提供专业的评价和指导，帮助学生整合不同小组的优点，克服自身的短板。小组内互评具体标准如表 4-7 所示。

表 4-7　小组间互评表

组名	组长	表达清晰（15分）	内容完整（20分）	组内合作情况（20分）	创新思维（20分）	时间分配（10分）	展示成果制作（15分）	总分（100分）

第四，教师在过程性评价中的角色也极为关键。教师需要通过观察、记录和反馈来持续跟踪学生的表现，确保评价的准确性和公正性。通过结合日常的观察和学生的自评，教师可以更全面地了解学生在微项目学习中的表现，及时调整教学策略，有效地支持学生的学习。

（2）终结性评价则在微项目学习的最后阶段进行，主要通过考核学生的最终成果，如项目报告、展示或其他形式的作业。作为评估学生最终学习成效的关键手段，它不仅标志着一个教学周期的结束，也是对整个学习过程的总结和回顾。这种评价方式专注于结果的输出，旨在确认学生是否已经达到了预定的学习目标，以及他们是否能够将所学知识和技能有效地应用于实际情境中。

第一，终结性评价的核心是通过学生的最终成果来评估他们的知识掌握程度和技能应用水平。这些成果通常包括但不限于项目报告、口头展示或其他创造性作品。这类评价通过具体的成果展示，能够直接反映学生对历史事件、人物、时间线等核心概念的理解深度，以及他们分析和解释历史的能力。

第二，有效的终结性评价应通过精心设计的测试和问题来深入检验学生的历史知识和技能应用。这些测试或问题应紧密关联微项目的核心知识点，确保评价的针对性和实用性。例如，教师可以设计具体的案例分析题，要求学生运用所学的历史知识来解析特定的历史事件或现象，分析其背后的原因和影响。这不仅考验学生对历史事实的记忆，更重要的是评估他们的历史思维方式和问题解决能力。通过这种方法，学生被引导在多种历史情境中应用他们的知识，如比较不同时期或不同地区的历史事件，探讨其相似之处和差异，以及这些差异对当时社会政治影响的不同。这种测试还能帮助学生培养将理论知识转化为实际应用的能力，这是历史学科教育中一项极为重要的技能。因此，通过设定相关的测试或问题，终结性评价不仅能够有效地衡量学生是否达到了教学目标，还能够促进学生在实际历史分析和评价中运用所学知识，从而深化他们对历史学科的理解和认识。

第三节　微项目教学实践总结

一、微项目教学与高中历史课程高度契合

第一，相比于初中历史课程，微项目教学更适用于高中历史课程，这主要是因为其与高中历史课程的复杂度和多样性的高度匹配。高中历史课程内容广泛且深入，具有更大的挑战性。在高中阶段，历史教学的主要目标是帮助学生构建系统的历史知识体系，发展他们的历史思维能力。与初中阶段相比，高中学生在认知和理解能力上已更为成熟，他们能够处理更复杂的概念和理论，并对历史事件进行多角度的分析和批判。因此，微项目教学的引入，能够有效地满足高中学生对历史学习的深度和广度需求。微项目教学通过围绕核心历史概念设计具体项目，让理解相关的历史理论和知识点的同时，更加深入地学生在探究历史背后的内容。

第二，微项目教学与高中历史课程的契合度不仅体现在课程内容的对接上，更在于它能够有效地适应高年级学生的认知发展和思维模式的转变。随着学生年级的提升，他们的思考方式从单纯的记忆和理解，转变为更为复杂的分析、评估和创造。这种思维的成熟，为实施微项目教学提供了坚实的基础，也使得这种教学模式在高中历史课程中显得尤为重要和有效。在高中阶段，学生的心智发展迅速，他们开始能够处理更抽象的概念和更复杂的逻辑关系。微项目教学恰好能够利用这一点，通过引入基于问题的学习项目，促进学生的主动学习和深入思考。这种教学策略不仅要求学生回顾和利用已有的历史知识，更要求他们将这些知识应用于解决实际问题，从而促使他们的学习从知识的简单接受转向能力的实际运用。

高中生具备了更高级的批判性思维能力，能够从多角度和多维度审

视历史事件和现象。微项目教学通过提供多样化的学习情境，如模拟实验、角色扮演、辩论等，使学生能够在真实或模拟的复杂情境中运用历史知识，进行历史推理和批判分析。这种教学方式不仅满足了学生对学习方式多样性的需求，还强化了他们对历史知识的深层理解和应用。微项目教学的实施，也鼓励学生发展自主学习和合作学习的技能。这对于正在形成个人学习风格和合作习惯的高中生而言，是一个重要的学习阶段。

二、微项目在高中历史教学的应用中具有可操作性

微项目教学在高中历史教学中的实施展示了其高度的可操作性，这一点在学生的项目成果展示和评价过程中得到了充分的体现。这种教学模式结合了课堂学习与实际操作，不仅激发了学生对历史学习的热情，而且显著提高了他们的协作能力和问题解决能力。微项目教学通过实际操作将抽象的历史知识具体化，使学生能够在实际操作中理解和吸收知识，这种教学策略的有效性在多个层面上得到了验证。

第一，微项目教学的可操作性体现在其设计和实施的灵活性上。教师可以根据具体的教学目标和学生的学习需求，设计出与课程内容紧密相关的项目任务。这些任务不仅覆盖了历史课程的核心知识点，还融入了批判性思维和创新解决问题的元素，使学生能够在解决实际问题的过程中深化对历史事件和现象的理解。通过这种方式，微项目教学强调了学生的主体性，鼓励学生主动探索和实践，从而增强了教学的吸引力和教育的实效性。

第二，微项目教学通过分组协作的方式促进了学生之间的交流与合作。在项目实施过程中，学生需要在小组内分工合作，共同完成项目任务。这不仅培养了学生的团队精神，还锻炼了他们的沟通能力和协调能力。通过小组讨论和协作解决问题，学生能够从同伴那里获得新的视角和思考方式，这种互动加深了他们对历史知识的理解和应用。

第三，微项目教学注重过程的记录和评价，通过连续的反馈机制帮

助学生及时调整学习策略。项目的每个阶段，教师都会提供反馈，指出学生在信息收集、资料分析、报告撰写等方面的不足，引导学生如何改进。这种评价不仅关注学生的最终成果，更重视学生在学习过程中的表现和成长，从而确保教学活动的质量和学生能力的提升。

第四，微项目教学的可操作性还体现在其对学生自主学习能力的培养上。通过项目的设计和实施，学生不仅学会了如何管理学习时间和制定学习计划，还学会了如何独立收集和处理信息，以及如何将所学知识应用于解决具体问题。这种学习方式极大地提升了学生的自我管理能力和终身学习能力，为他们未来的学术和职业生涯奠定了坚实的基础。

三、微项目教学极大地改善了高中历史课堂的教学效果

微项目教学已经成为改革传统高中历史教学模式的重要策略之一，其实施不仅极大地提高了课堂的教学效果，也为学生提供了一个更加动态和互动的学习环境。这种教学方法通过整合各种教育资源和技术工具，为学生提供了一种新的学习方式，使他们能够更加深入和全面地理解历史知识，同时也培养了他们的批判性思维和创新能力。

第一，微项目教学通过提供真实或模拟的历史问题情境，激发了学生的学习兴趣和探究欲望。这种情境化的学习模式使得历史学习不再是简单的记忆和复述，而是变成了一种发现问题、解决问题的过程。学生需要在教师的引导下，使用各种资源如图书、网络资料、多媒体等，自主地进行信息的搜集、分析和综合，通过这个过程，学生能够更好地理解历史事件的多维度信息，提高了学习的深度和广度。

第二，微项目教学强调学生的主体地位，鼓励学生自主学习和团队合作。在项目学习过程中，学生不仅要独立思考，还要与同伴进行讨论和合作，共同完成项目任务。这种教学方式有效地培养了学生的社交技能、沟通能力及团队协作能力。通过团队合作，学生能够学会如何在小组内分工合作，如何有效地沟通自己的观点，以及如何共同解决问题，

这些能力对于他们未来的学习和职业生涯都是非常宝贵的。

第三，微项目教学提供了丰富的评价方式，包括自评、互评以及教师评价，这些多元化的评价方式可以从不同角度全面评估学生的学习效果。这种评价不仅关注学生的知识掌握情况，更关注学生的学习过程和能力发展，如问题解决能力、批判性思维能力和创新能力等。通过这些综合评价，学生能够得到及时的反馈，了解自己在学习过程中的优势和不足，从而进行针对性的调整和改进。

第四，微项目教学使得历史教学更加符合现代教育的需求，它通过整合各种教育资源和采用先进的教学技术，提供了一个更加灵活和开放的学习平台。这种教学方式允许教师根据学生的具体情况和需求，灵活调整教学内容和方法，更好地满足学生的个性化学习需求。通过微项目教学，学生不仅可以学习到历史知识，更能够学会如何学习、如何思考、如何创新，这些都是现代社会所急需的核心竞争力。

四、微项目教学提升了学生的学习兴趣与解决问题的能力

通过对万隆会议这一知识点进行微项目教学，针对学生的项目成果可以看出：

第一，微项目教学能够显著提高学生的学习兴趣。在传统教学方法中，学生往往通过被动接收信息的方式来学习历史，这种方式可能使学习过程显得单调乏味，缺乏动力。而微项目教学引入了一种以学生为中心的教学模式，使学习变得更加主动和动态。在探究"巴黎和会"的微项目中，学生需要自行搜集资料、分析信息，并通过角色扮演和模拟辩论等活动深入探讨会议的历史意义和国际影响。这些活动不仅令学生能够在真实的学习情境中应用所学知识，还能让他们体验到历史事件的复杂性和多维性。通过这种教学方式，学生可以从多个角度和深度理解历史事件，如"巴黎和会"不仅作为一个历史事实被记忆，更被作为一个影响深远的国际政治活动被分析和讨论。学生在课堂上的角色扮演和团

队辩论中，不仅学习到历史知识，还在实际操作中锻炼了公共演讲、团队合作和批判性思维等多方面技能。这种教学模式极大地增强了学生的参与感和探索欲，使他们能够在激动人心的讨论和实践中发现历史的魅力。

微项目教学还允许学生探索与会议相关的不同历史观点和解释，提供了更广阔的学习视野和深度。学生通过自主研究，不仅能够了解到官方历史的叙述，还可以接触到各种次要史料和异议观点，这样的学习过程更加全面和立体，有助于学生形成批判性和全面的历史理解。通过微项目的教学方法，历史教育不再是简单地传递知识，而是成为一种激励学生深入思考和主动学习的过程，这种方式无疑提高了学生学习历史的热情和效果。

第二，微项目教学强化了学生的问题解决能力。在微项目的实施过程中，学生需要自主资料、分析信息并提出解决方案。这一过程要求学生不仅要有能力理解和整合信息，还要能够批判性地思考并应用所学知识解决实际问题。在"巴黎和会"学习中，学生需要通过多种渠道搜集相关的历史资料和信息，如通过图书、学术文章、互联网资源等，这一过程培养了他们的研究和信息处理能力。在模拟"巴黎和会"的活动中，学生需扮演不同国家的代表，提出基于历史背景和实际情况的政策建议。这种角色扮演和策略制定的活动不仅让学生将抽象的历史知识转化为具体的操作和决策，还提高了他们在团队中协作和沟通的能力。这不仅测试了他们的历史知识水平，也锻炼了他们的逻辑思维和辩证能力。通过这样的训练，学生能够在实际生活中更好地运用历史知识，对待问题时能够展现出更高层次的思考。

第三，微项目教学在高阶思维能力培养方面意义显著。在微项目教学中，学生需要围绕一个中心主题进行深入研究，这通常涉及复杂的历史问题或未解决的历史争议。例如，在探究"史料实证"的微项目中，学生不仅要学习如何获取和分析各种史料，还需要评估这些材料的历史价值和可靠性。通过这种方法，学生能够培养出一种批判性的历史观，学会从多个角度和维度审视历史事件，这对于培养他们的分析和评估能力至关重要。

　　微项目教学中的反思和总结环节同样重要。通过项目结束后的回顾，学生可以总结在学习过程中的得失，深入理解他们在历史探究中遇到的挑战和收获。这种思维的迁移不仅加深了学生对历史的认识，也提升了他们将历史知识应用于实际问题解决的能力。在微项目的教学过程中，学生被鼓励通过探索和实践来学习历史，这种积极主动的学习方式有助于学生的分析问题能力、批判性思维和创新能力的培养，这些能力是落实历史学科素养的客观要求，更加符合现代教育的迫切需要。通过参与微项目学习，学生不仅学习历史知识的同时，也在学习如何有效地获取信息、分析问题和提出创新解决方案，这些技能和素养的培养为他们的学习以及步入社会都奠定了坚实的基础。

第五章　高中历史微项目教学实践思考

第一节　关于教师角色的思考

一、教师作为设计者和促进者的角色

（一）教师作为设计者的角色

作为设计者，教师不再仅是信息的传递者，而是教学活动和学习体验的策划者和构建者。这种角色的转变意味着教师必须深入理解教学内容，精心设计每一个教学环节，以确保教学活动既符合课程标准，又能满足学生的具体学习需求。

第一，教师需要根据课程标准来设计微项目教学内容。这包括确定教学目标、选择合适的教学资源、制定详细的教学计划，以及预设可能的学习结果。在这一过程中，教师应该详细分析课程标准中的关键知识点和技能要求，确保微项目的教学目标不仅符合教育部门的要求，而且能够推动学生的核心能力发展。

第二，教师作为设计者还需要考虑学生的具体需求。这包括学生的前知识水平、兴趣、学习风格及特定的学习目标。教师需要设计能够

引起学生兴趣和参与的教学活动，通过情境模拟、合作探究等方式，激发学生积极参与学习活动。通过这种方式，微项目不仅能够加深学生对历史知识的理解，还能够培养他们的批判性思维、创新能力和团队协作能力。

（二）教师作为促进者的角色

教师作为促进者的任务是激发和维持学生的学习动力，促进学生的主动学习和深入探究，以及管理和优化学生之间的团队合作与互动。

第一，教师作为促进者，需积极培养和支持学生的自主学习和探究精神。这意味着教师应当鼓励学生主动提出问题，自行搜集和分析信息，以及探索解决方案。在微项目教学中，教师应当提供必要的指导和资源，帮助学生构建知识框架和发展批判性思维能力。例如，在探讨特定历史事件如"巴黎和会"的项目中，教师可以指导学生研究背景资料，分析各国立场，讨论会议成果的长远影响，从而加深学生对国际关系动态的理解。

第二，教师在微项目教学中还承担着团队合作的管理者角色。由于微项目往往需要小组合作完成，教师的职责包括确保团队成员之间有效地沟通和协作。这不仅涉及团队成员角色的合理分配，还包括解决团队内可能出现的冲突，确保每位学生都能在团队中发挥作用，共同推进项目的进展。教师应定期监测团队活动，通过观察和反馈，帮助学生优化团队的工作流程和决策方式。

第三，教师作为促进者，需要创造一个支持性的学习环境，鼓励学生间的开放式交流和互动。这涉及建立一种正面的班级氛围，让学生感到在学习探索中犯错是可以接受的，从而增强学生的试探性学习和创新尝试。通过组织课堂讨论、研讨会以及反馈会议，教师可以促进学生之间的知识分享，激发他们的学习兴趣和参与热情。

二、教师作为资源整合者和支持者的角色

（一）教师作为资源整合者的角色

在高中历史微项目教学中，教师扮演的一个关键角色是资源整合者。这一角色不仅要求教师具备丰富的历史知识和教学经验，更要求其能够有效搜集、筛选和整合各种教学资源，以支持和丰富学生的学习经验。

第一，作为资源整合者的教师需要能够广泛搜集与历史微项目相关的各类资料。这些资料包括但不限于历史文献、学术文章、在线数据库、多媒体内容等。教师需要具备较强的信息检索能力，能够在海量信息中迅速找到与教学目标和学生需求相匹配的高质量资源。例如，在开展有关"巴黎和会"的微项目时，教师应搜集相关的历史背景资料、会议记录、当时的国际政治分析等，以便指导和评价学生从多个维度理解和分析这一历史事件。

第二，教师在资源整合过程中需要具备批判性思维能力，能够评估资源的可靠性和适用性。这不仅涉及对资料内容的真实性、客观性的判断，还包括对资料的教学价值的评估。教师应该能够筛选出那些能够促进学生批判性思考和历史分析能力发展的资源，同时淘汰那些可能引导误解或偏见的信息。

第三，教师还需要具备将不同资源进行有效整合的能力，使这些资源能够系统地支持学生的学习和项目的实施。教师需要具备将各种学习材料和技术资源有效整合的技能，以创建一个丰富且互动的教学环境，从而支持学生的全面学习和项目的深入实施。这种整合不限于传统的文本和图像，还包括视频、音频、模拟软件及在线论坛等多媒体资源。这样的多样化学习资源可以极大地提高学生对历史学习的兴趣和参与度。通过这种方式，学生可以从不同的视角和感官体验中获得知识，加深对复杂历史事件和概念的理解和记忆。这种策略不仅增强了学生的学习体

验，也优化了教学内容的传递和接受，使学生能够在一个综合且互动的平台上，系统地掌握所需的历史知识和技能。

第四，在整合资源的同时，教师还需要考虑如何使资源整合与教学设计和学生的学习路径相匹配。这意味着教师不仅要关注资源的内容，还要关注资源的呈现方式和学习活动的设计，确保资源的使用能够最大限度地支持学生的学习目标和提升学生的学习体验。例如，教师可以设计一系列基于项目资源的探究活动，让学生在实际操作中深化理解历史概念和历史事件。

（二）教师作为支持者的角色

作为支持者，教师的职责不限于提供必要的历史知识，更重要的是为学生提供技术和学术上的支持，帮助他们有效地完成项目任务，并通过技术工具丰富教学内容和形式，从而提高教学效果和学生的学习体验。

第一，教师应在学生的学习活动中积极提供技术支持。随着教育技术的发展，各种新型教学工具和平台已经成为现代教室的常态。在历史微项目的教学中，教师应熟练掌握这些技术工具，如在线协作平台、数字档案馆等，以及如何将这些工具应用于教学实践中。如教师可以利用数字档案资源让学生接触到更丰富的历史文献和资料。

第二，教师应提供学术支持，引导学生如何进行历史研究，如何分析和批判历史材料。在微项目教学中，学生往往需要独立完成从主题选择、资料搜集、分析到最后的报告撰写的整个过程。教师应指导学生如何提出研究问题，如何选择和评估信息源的可靠性，以及如何撰写符合历史学学术标准的研究报告。教师还应教授学生如何使用历史方法论来解读历史事件，从而提升他们的历史思维能力。

第三，教师作为支持者还应关注学生的学习过程和情感需要，提供必要的情感支持和鼓励。微项目教学常常要求学生在一定时间内完成较为复杂的任务，这可能会给部分学生带来压力。教师应通过定期反馈、积极鼓励和及时调整教学策略，帮助学生应对学习中遇到的挑战，保持学习的动力和兴趣。

第四，教师在使用技术工具时应确保其在教学中的适宜性和有效性。技术工具能提供新的教学途径和丰富的资源，但关键是选择和使用那些真正能支持教学目标和优化学习过程的工具。过分依赖或不当使用技术可能会引起学生的注意力分散，甚至可能降低教学效果。因此，教师应根据课程的具体内容、学生的学习需求以及教学的深度和难度，谨慎选择适合的技术工具。合理的技术整合应支持教学策略的实施，并能够增强学生的学习体验。例如，历史微项目教学中可以使用互动白板来展示历史事件的时间线，或使用在线协作平台促进学生的团队合作和资料共享。同时，教师还应持续评估所采用技术的教学效益，确保这些工具不仅吸引学生的兴趣，而且确实帮助他们更有效地理解和掌握历史知识，确保这些工具能真正地服务于教学目标，而不是简单地追求新颖或者技术上的复杂性。教师应基于学生的实际需求和课程目标，合理融合传统教学方法和现代技术手段，以达到最佳的教学效果。

三、教师作为评价者的角色

在高中历史微项目教学中，教师作为评价者的角色至关重要，这不仅关乎学生学习成效的评估，更是对教学活动成效的一种反馈。教师的评价方式和策略直接影响学生的学习动力、认知发展以及技能提升。有效的评价能够激励学生探索新知，同时帮助教师调整教学策略，优化教学过程。

第一，教师作为评价者，必须公正、客观地评估学生的表现，这不仅要求教师具备专业的评价技能，还要求有深入的历史学科知识和对教学目标的清晰认识。在微项目教学中，教师的评价职责尤为关键，因为评价结果直接影响到学生的学习动力和未来学习方向的选择。教师应该依据学生的具体表现和项目的具体要求，综合运用各种评价工具和方法，如观察记录、学习日志、同伴评价以及自我评价等，来进行全面评估。

在进行评价时，教师需要关注学生在学术成果方面的表现，如历史事实的准确性、论证的逻辑性以及资料的恰当运用等；同时也需评估学生的创新能力，看他们在处理历史问题时能否提出新的见解或解决方案。批判性思维的培养是历史学习的重要目标，教师应评价学生是否能够独立分析和批判不同的历史观点。团队协作能力的评价同样重要，特别是在项目学习中，学生需要与他人合作，共同完成复杂的任务。教师的评价应以促进学生全面发展为宗旨，提供具体、建设性的反馈，使学生能明确自己的强项和待改进的地方。这种综合性评价不仅能帮助学生认识到自己在学习过程中的进步和不足，还能激励他们在未来的学习中持续努力，不断提高。

第二，教师在进行评价时必须考虑学生的个体差异，这一点对于确保评价的公正性和有效性至关重要。每个学生的学习背景、兴趣、能力和学习节奏都不尽相同，这要求教师在评价过程中采用差异化的策略，以适应每位学生的独特需求。例如，对于学习能力较强，掌握速度快的学生，教师可以设计更加复杂和具有挑战性的任务，鼓励他们深入探索和拓宽知识边界。同时，为了激发他们的创新思维，教师可以提出开放性问题，促使这些学生在解决问题时能够采用多角度的思考。对于基础较弱或学习速度较慢的学生，教师需要提供更加具体和针对性的指导与支持。这包括在评价中更多地使用鼓励性的语言，提供步骤明确的学习指导，以及给予更频繁的正向反馈，帮助他们建立信心，逐步提高学习效率。在评价这些学生时，教师应重视他们的努力和进步，而不仅仅是最终的学习成果。

教师还应使用多种评价工具和方法来全面了解学生的学习状况，如小组评价、自我评价、项目展示等，这些都能帮助教师从多个角度获取学生的表现信息，进而做出更加准确和全面的评估。通过这样的评价实践，不仅可以更好地满足学生的个性化学习需求，还能够促进他们的整体发展。

第三，教师作为评价者，不仅要评价学生的表现，还需反思自己的教学实践和评价方法。通过持续的自我评估和调整，教师能够识别教学中的不足，优化教学策略，从而更有效地支持学生的学习过程。这种自我反思应包括对学生反馈的分析、评价结果的综合考虑以及对教学内容的再评估。例如，教师可以根据学生的学习成果和对特定教学方法的反应，判断哪些方法最为有效，哪些需要改进或调整。教师应定期收集和分析学生的学习数据，如成绩变化、参与度，以及课程反馈等信息。这不仅有助于教师了解学生的学习状态，也可以作为调整教学计划的依据。通过这些数据，教师可以更准确地判断教学活动的有效性，从而做出科学的教学决策。

教师还应鼓励学生积极参与教学和评价过程，通过学生的主动反馈获得对教学的直接见解。学生的观点和建议可以为教师提供新的教学灵感和方向，帮助教师从学生的角度看待教学内容和方法，从而更好地调整和优化教学设计。通过这种持续的专业发展和自我完善，教师能够在教学过程中不断进步，提高教学效果，最终达到提升整体教学质量的目的。这种自我反思的实践不仅增强了教师的专业能力，也为学生创造了一个更加支持和富有成效的学习环境。

四、教师作为学习者的角色

教师作为学习者的角色不仅是职业发展的需要，也是教育质量提升的关键。在高中历史微项目教学中，通过持续学习和反思，教师能够更好地适应教育的发展趋势，提高教学质量，最终实现教育的核心目标——培养学生成为具有批判性思维和创新能力的现代公民。

第一，教师作为学习者需要主动掌握和应用新的教学策略和技术。随着教育技术的迅猛发展和教学理念的不断革新，传统的教学方法已逐渐无法满足现代教育的多样化需求。因此，教师必须不断学习和掌握新的教学策略和技术，以便更好地适应教育的发展趋势，并提升教学效果。

　　教师作为学习者需要主动更新自己的教学方法。这包括通过参加专业培训、研讨会或在线课程，学习最新的教学理念和技术。教师也应掌握如何使用各种协作工具和平台，这些工具可以帮助教师有效地组织在线教学活动，促进学生之间的互动与合作。教师需要不断探索如何将这些新工具和策略融入日常教学中。这不仅仅是学习新工具的操作技能，更重要的是理解这些工具如何与教学内容和目标相结合，以及如何根据学生的具体需要和知识及能力调整教学方法。

　　第二，教师作为学习者的角色也意味着要不断更新自己的学科知识。在高中历史教学中，教师不仅是教育的实施者，更是学习的引领者和知识的更新者。对于高中历史教师而言，持续更新学科知识不仅是职业发展的需求，也是提高教学质量和学生学习效果的关键。随着历史新发现的不断涌现以及历史观点的演变，原有的历史认知可能会被更新或修正。因此，高中历史教师需要不断地学习最新的历史研究成果和理论观点，这不仅可以帮助教师构建更加准确和全面的历史观，也能使教师在教学中引入最前沿的历史话题和观点，增强教学的时效性和吸引力。

　　教师更新学科知识还可以提升其学术权威性和教学自信。掌握了最新的历史研究和理论，教师能更自信地处理学生的提问和挑战，更有效地指导学生的历史探究活动。同时，教师可以将这些新知识和信息整合到微项目教学中，设计出更具挑战性和探究性的学习项目，使学生能够在解决实际问题的过程中应用历史理论，培养其批判性思维和创新能力。

　　教师作为学习者的身份也促使其不断探索和实践新的教学方法。随着教育技术的发展，新的教学工具和平台也在不断涌现，这些新工具可以帮助历史教师更有效地呈现复杂的历史事件和过程，增加课堂的互动性和学习的趣味性。教师需要学会如何将这些工具融入日常教学中，使得历史教学既富有吸引力又充满启发性。作为学习者的教师也需要具备自我驱动的学习精神和开放的心态。这不仅涉及专业知识的更新，也包括对教育哲学、教学伦理和学生需求的深入理解。通过不断的学习和反思，教师能够更好地适应教育的变革，更全面地满足学生的学习需求。

第二节　关于学生参与的思考

一、学生参与的重要性

在高中历史微项目教学中，学生的参与不仅是教学成功的关键因素，也是教育效果实现的核心动力。通过积极地参与，学生能够深入历史学习的过程中，更好地掌握知识，培养必要的技能，并在实践中加深理解。这不仅能够提高学习的效率和质量，还能够促进学生全面能力的发展。通过提高学生的参与度，微项目教学能够更好地实现教育的目标，培养出适应未来社会需要的高素质人才。

（一）强化学习过程中的主体性

强化学生在学习过程中的主体性不仅能够使学生在充满挑战的学习活动中获得成就感，还能在培养其历史学科能力的同时，增强其终身学习的能力和自我发展的潜力。在传统的教学模式中，学生通常扮演着被动接受知识的角色，教师是知识的主要传递者，而学生的活动范围大多限于听、记和复述。这种模式虽然在一定程度上能够确保知识的传授，但往往忽视了学生主体性的培养，使得学生在学习过程中缺乏足够的动力和参与感。相较之下，微项目教学模式突破了传统的教学框架，将学生置于学习过程的中心位置。在这种模式下，学生不仅仅是知识的接受者，更是知识探索的主体。例如，在探究"巴黎和会"这一历史事件时，学生需要自行设计研究方案，从收集资料到分析问题，再到提出独到见解，每一步都需要学生的主动参与和创新思考。这种学习方式促使学生从实际操作中发现问题、解决问题，极大地提高了学生的批判性思维和解决问题的能力。

学生的主动参与还体现在他们对学习过程的自我管理上。在微项目教学中，学生需要计划自己的学习路线，设定学习目标，并对学习成果进行自我评估。这不仅提高了学生的自我监控能力，还帮助学生建立起对学习的责任感和使命感。学生参与的增强也有助于提升学习的持久性和深入性。因为学生在学习过程中扮演了更加积极的角色，他们对学习内容的兴趣和投入度也会相应提高，这直接影响到学习效果的优化。通过主动探索和实践，学生对历史知识的理解将更为深刻，记忆也更为持久。

（二）促进高阶思维的发展

在传统的历史教学中，学生往往是在被动地接收信息的状态，学习目标主要是记忆历史事实和理解历史事件。不过这种教学方式很难激发学生的思考能力和创新精神。微项目教学模式通过引入问题驱动的学习方法，要求学生在学习过程中不仅仅是接受已有的知识，更重要的是通过问题解决的方式来深入探究历史事件的各个方面。例如，在关于"巴黎和会"的微项目中，学生需要通过研究来理解会议的历史背景、参与国家、会议内容及其对后世的影响。在这一过程中，学生将被要求不仅要收集相关的历史资料，更要通过分析和评估这些资料来构建自己的历史理解。学生需要评价不同历史来源的可靠性和相关性，比较不同历史观点，并在此基础上提出自己的见解和可能的历史改进方案。

学生在微项目中的参与还包括了对历史材料的深入分析和历史事件的批判性评价。这不仅能够帮助学生理解历史的复杂性，还能够提高他们处理复杂信息的能力。通过这样的训练，学生能够发展出一种批判性的思维方式，这对于他们未来的学术研究乃至职业生涯都是非常宝贵的技能。

（三）促进其社交技能和团队合作能力的发展

在高中历史微项目教学中，学生的参与不仅使他们在历史知识的学习上受益，更在社交和协作方面得到了实质的提升。通过微项目教学，学生的社交技能和团队合作能力得到了有效地锻炼和发展。微项目教学的本质是通过项目完成过程中的各种互动，让学生在真实的社交情境中学习和成长。在这个过程中，学生需要与其他组员进行频繁的讨论，共同策划项目路线，分担研究任务，甚至在项目中处理可能出现的冲突和分歧。这样的互动不仅提高了学生的沟通技巧，还强化了他们的团队精神和领导能力。

在围绕"巴黎和会"主题的微项目中，学生可能需要在小组内分工合作，模拟会议中的不同角色，如各国代表或历史分析师。每位学生都必须深入研究自己角色的历史背景和立场，然后与组内其他成员一起策划和展示他们的历史观点和解决方案。在这个过程中，学生不仅能够学习到关于"巴黎和会"的具体历史知识，更能在实际的角色扮演和团队讨论中锻炼自己的辩论、说服和协作技能。

这种小组合作模式还要求学生学会尊重和倾听他人的意见，学习如何在集体决策中寻求平衡，以及如何在团队内部有效地分配和管理资源。这些技能的培养对学生未来无论是继续深造还是步入职场都是极具价值的。

二、评估学生参与度的标准与方法

（一）评估学生参与度的标准

评估学生参与度的标准在微项目教学中至关重要，因为它直接影响到教学效果的评估和后续教学活动的调整。这些标准应当全面而具体，以确保能够有效地衡量学生在微项目教学过程中的表现。一个完善的参与度评估体系需要综合考虑学生在课堂互动、项目执行、内容理解以及团队合作等多个方面的表现。

1. 学生在课堂讨论中的活跃程度是评估其参与度的基本指标

这种评估不仅反映了学生的参与积极性，也是他们理解和吸收课程内容能力的一个直观体现。学生参与度的高低直接影响了微项目教学的效果和学生学习成果的质量。

（1）学生在课堂讨论中提出问题的频率是一个重要的评估维度。频繁且有意义的提问通常表明学生不仅仅是被动地接受信息，而是在积极地思考和尝试理解新知识。教师可以通过计数学生在一定时间内提出的问题数量来评估其活跃程度。更重要的是，这些问题的质量——是否深入、是否相关、是否能够触及讨论主题的核心——是评价学生批判性思维和分析能力的重要指标。

（2）学生对课堂讨论主题的反应速度和反馈的深度也是衡量其参与度的重要因素。反应速度快可以表明学生对课堂内容的敏感度和关注度，而深入的反馈显示了学生对讨论主题的深层理解和个人见解的表达。教师应关注学生是否能够在讨论中提供具有洞察力的评论，能否将课堂学到的知识与现实世界的问题联系起来。

（3）学生对其他同学或教师观点的响应情况也是评估其参与度的一个重要方面。这包括学生是否能够对同伴的意见提供支持、挑战或进一步的拓展。这种互动不仅促进了学生之间的学习和思想交流，也有助于培养他们的沟通技巧和团队合作能力。

（4）教师可以采用多种方法来记录和评估这些行为，如使用观察清单、进行视频录制分析或实时反馈系统。教师还可以设计特定的课堂活动，如辩论、角色扮演或小组讨论，以增加学生的参与机会和提高课堂互动的质量。

2. 学生在项目任务中的投入和完成情况也是衡量其参与度的关键

这一评估标准涉及学生在项目中的独立性、创造性，以及其对任务的管理和执行能力。通过对这些方面的综合评估，教师能够获得学生参与微项目学习的程度和深度的准确信息，这对于促进学生学习效果和教学质量的提升至关重要。

（1）项目完成的及时性是衡量学生参与度的一个基本因素。这不仅反映了学生对项目的重视程度，也体现了其时间管理能力和责任感。学生能否在既定的时间内完成任务，通常可以从他们的计划制定和时间分配能力中得到体现。教师可以通过设置阶段性的检查点，来监控学生在项目进程中的进展情况，及时发现并解决在时间管理上的问题。

（2）项目的完成质量是评估学生参与度的另一个重要标准。这包括学生在项目中展示的技能掌握程度和深入理解程度。优质的项目成果通常需要学生在研究和实践中展现出较高水平的历史分析和批判性思维能力。因此，教师需要评估学生的工作是否具有深度，是否能够体现出对历史材料的准确理解和应用。

（3）学生在执行过程中的创新程度也是一个关键评估指标。在微项目教学中，创新不仅是指新颖的想法或方法，更包括学生能否在已有的历史解释和框架中提出独到的见解或解决方案。通过鼓励学生在项目中尝试新的研究方法或探索未被充分讨论的历史视角，教师可以有效促进学生的创造性思维和问题解决能力。

（4）教师可以通过多种方式来评估学生的项目参与度。除了直接观察和评审学生的项目成果外，教师还可以组织学生进行项目防御或展示，让学生对自己的工作进行解释和辩护。同伴评价也是一个有效的工具，它可以帮助学生从其他同学的反馈中获得进一步的成长和改进。

3. 学生对项目内容的理解和掌握程度是评估其学术成就的重要指标

这一评估标准不仅关注学生对历史知识的吸收和回忆，更重视他们将这些知识如何应用于解决实际问题的能力。因此，一个全面的评估系统应包括对学生的表达能力和展示技能的检测，以确保他们不仅理解历史概念，而且能够有效地运用这些概念。

（1）学生的理解程度可以通过他们的口头表达来评估。在课堂讨论或小组交流中，学生应能清晰且准确地描述历史事件的细节，展示对历史背景和发展的全面理解。教师可以通过监听学生的讨论和回答，评估其对历史知识点的掌握程度。通过提问可以测试学生的即时反应和历史思维的灵活性，这些都是评估其历史理解深度的重要手段。

（2）书面报告或项目作业是检测学生历史知识掌握的另一重要方式。书面材料应详细记录学生对特定历史事件或主题的研究，包括他们如何收集和分析信息，以及如何形成结论。这些文档应展示学生的研究能力和批判性思考能力，反映出他们对历史材料的深入解读和应用。教师通过评阅这些材料，不仅能够评估学生的写作和表达技能，也能了解他们对历史事件的个人见解和解释。

（3）学生的演示或展示也是评估其历史理解程度的有效途径。通过演示，学生需要在同学和教师面前呈现他们的研究成果，这不仅考验他们的公共演讲能力，还考验他们将复杂历史信息简化并有效传达的能力。这种形式的评估可以直观地展示学生的综合能力，包括信息整合、逻辑构建和观点阐述。

（4）定期的评估和反馈是确保学生持续提升历史学习的关键。通过设置周期性的检测点，如定期的口头测验和书面考试，教师可以跟踪学生的学习进度和理解深度。这些检测不仅帮助教师发现学生在学习过程中可能遇到的问题，还能及时调整教学策略，以适应学生的需要。

4. 在高中历史微项目教学中，学生在团队合作中的表现是评估其参与度的一个重要维度

这不仅涉及学生的个体学术能力，更关注他们如何在团队环境中发挥作用，包括沟通能力、合作精神以及对团队目标的贡献度。有效的团队合作不仅能够促进知识的深入理解，还能够培养学生的社交技能，是微项目教学中不可或缺的一部分。

（1）学生在团队中的沟通能力是团队合作成功的关键。这包括学生

如何在小组内表达自己的想法、如何倾听其他成员的意见以及如何通过对话解决冲突。教师可以通过观察学生在讨论和合作过程中的互动，评估他们的沟通效果和适应性。例如，教师可以记录学生在团队讨论中的发言次数、发言的相关性以及他们对其他团队成员反馈的接受程度。

（2）合作精神是团队协作的另一个重要方面。这不仅反映在学生是否愿意与他人共享资源和信息上，还包括他们在遇到团队内问题时的态度和行为。教师可以通过设置特定的团队任务，观察学生如何协作完成任务，评估他们的团队精神和牺牲精神。通过团队成员对彼此的评价，教师也可以了解学生在团队中的合作态度和表现。

（3）学生对团队目标的贡献度也是评估团队合作表现的一个重要标准。这包括学生在项目中承担的角色、完成的任务质量以及他们对团队成果的影响。教师需要观察每位学生在团队项目中的具体贡献，如何推动项目进展以及他们在解决团队遇到的问题中扮演的角色。通过项目的最终展示或成果，教师可以具体评估每个学生对项目成功的贡献程度。

（4）评估学生在团队合作中的表现还应包括他们的领导能力或团队支持性行为。这涉及学生是否能够在团队中发挥领导作用，如组织团队讨论、分配任务或调解内部矛盾。同时，也包括学生在支持其他团队成员中的表现，如他们是否愿意帮助有困难的同学、能否提供有建设性的建议。

（二）评估学生参与度的方法

评估学生参与度的方法应多样化，常见的评估方法包括以下几种：

1. 直接观察

在高中历史微项目教学中，直接观察是一种用于评估学生课堂参与度的基本而有效的方式。这种评估方法使教师能够实时捕捉学生在学习过程中的表现，从而对学生的学习态度、理解深度、互动能力和参与热情进行准确地评价。直接观察主要包括教师对学生在课堂讨论、小组合作、问题解决和其他互动活动中表现的系统记录和分析。通过这种观察，教师可以获得关于学生参与行为的直接证据，如学生在讨论中的发言次数、发言的相关性与深度，以及学生对问题的反应和解决策略。这些信息对于评价学生的课堂表现和参与程度至关重要。

教师可以使用观察清单来记录学生的表现。这种清单可能包括学生的发言频率、发言的创造性和批判性质量，以及他们与同伴的互动方式。例如，教师可以记录学生在探讨一个特定历史事件时的提问和回答情况，分析学生的问题是否显示出对历史材料的深入理解和独立思考。教师应注意观察学生在实践活动中的表现。在微项目教学中，学生往往需要参与模拟活动、角色扮演或实际操作。教师可以评估学生在这些活动中的参与度和表现效果，如他们是否能够积极地与同伴合作，是否能够在活动中运用历史知识解决问题，以及他们在活动中的创新性和适应性。教师还应关注学生在讨论和互动中的情感表现和态度。学生的情感反应，如兴趣、好奇心和热情，是评估其参与度的重要方面。教师可以观察学生在面对新观点或复杂问题时的反应，评估他们是否表现出积极探索和求知欲。

通过对这些方面的综合观察，教师不仅能够评估学生的知识和技能，还能洞察学生的情感和态度，进一步了解学生的个性和学习需求。这种直接的观察方法为教师提供了一个全面了解学生课堂行为的机会，是提升教学质量和学生学习成效的基础。

具体可分为个人表现和合作中的表现。

（1）在课堂上的个人表现方面如表5-1所示。

表5-1　课堂上的个人表现评估

评估维度	具体表述
积极回答问题	学生在课堂上勇于回答问题，表达自己的意见和看法，并与教师和同学进行互动交流
提出问题	学生能够主动思考并提出问题，积极融入课堂氛围，促进讨论和学习的深入

评估维度	具体表述
合理批判	学生在听到其他同学的观点后能够合理地提出批评或对该观点进行延伸，展示对问题的独立思考能力
整理资料及结论	学生课堂上认真做好笔记，记录重要知识点和理解深度，表明其对学习内容的积极参与

（2）在小组合作中的表现方面如表 5-2 所示。

表 5-2　在小组合作中的表现评估

评估维度	具体表述
团队协作	学生在小组合作中能够与组员保持良好的沟通和合作，共同协商解决问题，形成团队的合力
分工合作	学生能够积极主动地承担自己的任务，在小组合作中发挥自己的特长和能力，推动整个小组的进步
共享资源	学生在小组合作中能够乐于分享自己的资源和学习成果，促进小组内成员的互相学习和共同进步
解决冲突	学生在小组合作中能够主动化解冲突，保持团队的和谐氛围，增强积极性和学习效果

2. 学生自评

这种评估方式不仅可以增强学生的自我监控能力，还可以促进学生的主动学习和自我反思，从而提升他们的学习动机和总体学习成果。学生自评允许学生从个人角度反馈他们在学习过程中的参与程度、学习策略的有效性以及他们对学习环境的感受，这对于教师调整教学策略和改善教学质量具有重要意义。

（1）学生自评的实施通常通过问卷调查、学习日志、自我反思报告等多种形式进行。其中，问卷调查是一种常用的方法，它可以结构化地收集学生对自己学习状态的看法和评价。问卷中可以包括各种评估学生课堂活跃性的问题，如学生在课堂上提问的频率、对讨论的参与程度，以及对教师和同学提问的响应质量等。问卷还可以设计以评价学生对自己在团队项目中的贡献、对课堂内容的理解程度以及对教学方法的满意度等方面的自我评估。问卷调查表如表5-3所示。

表5-3　学生自评问卷调查表

以下是一份学生自评问卷调查表的设计，旨在评估学生在高中历史微项目教学中的参与度和学习体验。此问卷包括多项选择题和开放式问题，以获得学生对自己学习状态的全面反馈。

学生自评问卷调查表

基本信息

1.姓名(可选)：
2.班级：
3.项目名称：

课堂参与度

4.您在课堂讨论中提问的频率是如何的？
□每堂课都会提问
□经常提问
□偶尔提问
□很少提问

5.您在课堂上的发言是针对以下哪些内容？（多选）
□对教师的讲解提出问题
□对同学的观点提供反馈
□分享相关的额外信息
□其他(请具体说明)：_____

6.您认为自己对课堂讨论的参与程度是：
□非常积极
□比较积极
□一般
□不够积极

项目任务投入度

7.在小组项目中，您通常承担哪些角色？（多选）
□领导者，负责整体协调和进度控制
□内容研究者，负责资料收集和分析
□技术支持，负责制作 PPT/视频等

□文档记录者，负责记录会议内容和整理文件
□其他（请具体说明）：_____

8.您如何评价自己在团队项目中的贡献程度？
□非常积极，对项目贡献很大
□较为积极，有一定的贡献
□一般，贡献较少
□很少贡献

9.在项目执行过程中，您遇到的主要困难是什么？（开放式问题）

学习理解与满意度

10.您如何评价自己对项目内容的理解程度？
□非常理解
□大部分理解
□理解一般
□理解较差

11.您对目前历史教学方法的满意度如何？
□非常满意
□满意
□一般
□不满意

12.您认为历史微项目教学对您的学习有哪些积极影响？（开放式问题）

13.您有什么建议可以帮助改进未来的历史微项目教学？（开放式问题）

提交日期：

感谢您的参与和反馈！您的意见将帮助我们不断改进教学方法，提供更优质的学习体验。

此问卷调查表旨在系统地收集和分析学生对自己在微项目教学中的参与度和学习体验的看法，从而为教师提供改进教学的依据。

（2）通过自评，学生可以增强对自己学习过程的认知，识别自己的学习强项和改进区域。例如，学生通过反思自己在讨论中的表现，可以意识到需要提高的沟通技巧或者是需要加强的知识点。自评也鼓励学生对课堂上的互动进行深思，如他们对教师和同学的反馈如何，以及他们是如何处理学习中遇到的挑战。

（3）自我评价还应鼓励学生对同学的观点进行尊重和理解，这不仅有助于培养学生的批判性思维，也有助于构建一个支持性和协作性的学习环境。通过自我评价，学生能够更加清晰地了解自己在群体中的角色和贡献，以及如何在团队合作中更有效地发挥自己的优势。

（4）学生自评的结果应被教师用作教学反馈的重要资源。教师可以通过分析学生的自评结果，了解学生的学习需求和感受，据此调整教学计划和策略，使教学更加符合学生的个性化需求。同时，教师应定期与学生讨论其自评结果，提供必要的指导和支持，帮助学生在未来的学习中实现更大的进步。

3. 同伴评价

它强调学生之间的相互评价和反馈，这种评价方式能够促进学生之间的互动，提高学生的参与感，同时帮助学生从同伴的视角发现自己的长处和需要改进的地方。在微项目的教学中，同伴评价尤为重要，因为它直接关系到团队内部的沟通和协作效率。在实施同伴评价时，教师需要明确评价的目的和方法，并对学生进行指导，确保评价过程中的公正性和建设性。教师应该提供一个明确的评价框架和标准，帮助学生理解如何进行有效地评价。例如，可以要求学生根据团队成员在项目中的参与程度、责任承担、合作态度以及对项目贡献的具体内容进行评价。

同伴评价的实施步骤通常包括以下几个方面：

（1）准备阶段：教师向学生介绍同伴评价的目的和重要性，解释评价的标准和方法。教师需要培训学生如何给予建设性的反馈，确保评价过程中的语言和行为都是积极和支持性的。

（2）执行阶段：学生在项目过程中或项目结束后进行同伴评价。这可以通过填写评价表格、进行小组讨论或使用在线评价工具完成。评价应包括具体的例子或证据，以支持评价结果。

（3）反馈阶段：学生交换评价结果，并讨论评价中提出的问题和建议。教师应监督这一过程，确保讨论的建设性，并帮助学生解决评价过程中出现的任何冲突。

（4）反思阶段：学生根据同伴的反馈反思自己的表现和行为。教师可以引导学生思考如何利用这些反馈来改进自己的学习和团队协作能力。

同伴评价的优势在于：它能够提供来自多个观点的反馈，这些反馈往往比单一的教师评价更全面。学生在评价过程中不仅学习如何批判性地评估他人，也在被评估的过程中学习如何接受和利用反馈进行自我提升。同伴评价还能增强学生的责任感和团队精神，因为他们意识到自己的表现将直接影响到同伴的评价和团队的整体表现。

三、促进学生参与的策略

在高中历史微项目教学中，学生参与度的高低直接影响到学习效果和教学成果的实现。因此，采取有效策略以促进学生的积极参与显得尤为重要。这不仅有助于提高学生的历史知识和技能，还能培养他们的高阶思维能力和社交技能。教师的角色转变为设计者、促进者和支持者，使学生在互动和合作的学习环境中茁壮成长。以下是一些实用的策略，旨在增强学生的参与感，并提高整个教学过程的互动性和学习效率。

（一）创造包容性学习环境

创造一个包容性的学习环境是提升学生参与度的基石。这样的环境能够促进所有学生的积极性和投入感，特别是在高中历史微项目教学中尤为重要。包容性学习环境的核心在于确保每个学生都感到自己是班级重要的一部分，能够自由地表达自己的想法，不受到预设偏见的限制。

（1）教师需要建立一个正面的课堂文化，这一点对于确保学生能够在课堂上自由表达自己的观点至关重要。这可以通过制定一系列鼓励包容和尊重的课堂规则来实现。教师作为课堂的主导者，承担着塑造和维护这种环境的关键角色。在这种环境中，每个学生都应感到自己的意见被尊重和价值被认可，无论他们的观点如何，都能够自由且安心地表达。

①确立正面的课堂文化是构建包容性学习环境的基础。这要求教师在课堂管理中明确设立一系列促进包容和尊重的规则。例如，可以在课堂上明确禁止任何形式的歧视和侮辱性语言，确保每个学生的发言都得到同等的尊重和重视。这些规则的制定和执行，不仅保护学生不受负面影响，也促进了一个积极的学习氛围，让学生在表达个人见解时更加自信。

②教师需要通过具体的教学行为来强化这种课堂文化。这包括在课堂讨论中积极引导，确保每位学生都有机会发言。教师可以采用多种策略，如轮流让学生回答问题，或者通过小组讨论后的集体分享来平衡各种声音。教师应该公正地处理学生间的互动，及时纠正任何可能导致不尊重或排斥的行为。

③教师应该通过实例教学，展示如何在表达和交流中维护尊重和包容。这可以通过课堂上的模拟活动，如角色扮演或辩论，教育学生如何在维持自己立场的同时，尊重对方的观点和感受。通过这些活动，学生不仅学习历史知识，更学习到如何在现实生活中处理意见分歧，这对于他们成为具有责任感和同理心的公民至关重要。

④教师应该鼓励学生反思自己的行为和态度，通过定期的反思和讨论，帮助学生认识到包容性交流的重要性。可以定期进行课堂反思活动，让学生讨论和分享他们在保持课堂包容性方面的经验和挑战，以及他们如何改进自己的行为以更好地适应这种环境。

（2）教师可以通过多种方式激励学生参与课堂活动，特别是那些通常较为内向或不愿意发言的学生。为了有效地促进这些学生的参与，教师可以采用一系列策略来降低他们参与的心理障碍，提高他们的参与度和学习动机。

①引入"问题箱"是一种有效的策略，它允许学生匿名提交自己在学习过程中遇到的问题或疑虑。这种方法特别适合那些害怕在公开场合表达自己或担心其问题可能引起同伴负面评价的学生。通过这种方式，学生可以在不暴露自身身份的情况下表达自己的想法和问题，从而减少了因担心被评判而不敢发言的心理压力。

②教师在处理这些匿名提问时需要展现出高度的敏感性和专业性。教师应定期从"问题箱"中抽取问题并在课堂上进行解答，这样不仅能确保学生问题得到妥善处理，也能让学生感受到他们的声音被倾听和重视。这种互动方式能够极大地提升学生的信心，鼓励他们更加积极地参与课堂讨论。

③为了增强这种策略的效果，教师可以将匿名问题的讨论转化为课堂上的小组讨论活动。在小组讨论中，学生可以在相对私密的小团体中探讨问题，这不仅有助于增强学生之间的互动，还能促进他们在团队中的沟通和协作能力。小组讨论也为内向的学生提供了展示其分析和批判性思维能力的机会，进一步激励他们在未来的课堂活动中发挥更积极的作用。

④为了确保这种包容性学习环境的长期效果，教师应定期收集学生对"问题箱"及其他互动教学方法的反馈，以评估其有效性并做出相应的调整。这种持续的评估和改进不仅能保证教学方法与学生需求相匹配，也是构建和维护开放、包容的课堂环境的关键。

（3）为了强化学生的参与感，教师应该公平地对待每一位学生的贡献。这意味着教师需要在评价学生的表现时保持客观公正，避免因学生的背景或已有的表现而产生偏见。每位学生都应有机会展示自己的能力和理解，而教师的任务是识别并支持每位学生的学习需求。教师必须认识到每个学生都有独特的学习需求和个人经历，这些因素都可能影响他们的学习态度和表现。因此，教师在进行学生表现评价时，应避免以偏概全或因学生过去的表现而对其进行标签化。例如，教师应避免因为学生之前的低表现而降低对其当前努力的评价，反之亦然。公正的评价系统应能够准确反映学生在特定时间内的真实表现和进步，而不是简单地基于教师的主观预期。

（二）积极探索互动式教学方法

在高中历史微项目教学中，采用多样的互动式教学方法不仅能够激发学生的学习兴趣，还可以促进他们的主动学习和批判性思维能力的发展。这些教学方法包括小组讨论、角色扮演、辩论和案例研究等，它们各有特点，能够从不同角度促进学生对历史知识的深入理解和应用。

（1）小组讨论是互动式教学中常用的一种方法。它鼓励学生在小组内部进行开放式的讨论，就特定的问题共同探索和交流见解。在这一过程中，学生需要倾听他人的观点，同时也需要表达自己的想法和论据。这种相互作用不仅有助于学生理解多元的历史视角，还能够培养他们的沟通和协作技能。

①小组讨论鼓励学生积极参与历史学习的过程。在小组讨论活动中，学生被分配到不同的小组，每个小组成员需要就一个共同的历史话题或问题进行深入探讨。这种讨论形式要求学生不仅要阅读和研究历史材料，还要准备自己的观点和论据来支持小组的讨论。通过这种方式，学生能够从被动接受知识转变为主动探索和构建知识，极大地激发了他们的学习兴趣和积极性。

②小组讨论促进了多元视角的交流和理解。历史学科的特点在于其复杂性和多视角性，不同的历史事件和人物可以从多种角度进行解读。在小组讨论中，每位学生都可以带来自己独特的视角和信息，通过小组内部的讨论，学生们能够听到和理解不同于自己的见解。这种互动不仅丰富了学生的历史知识，也培养了他们的批判性思维和同理心，使他们

能够更全面地理解历史的复杂性和多样性。

③小组讨论增强了学生的沟通和协作技能。历史微项目教学的一个重要目标是培养学生的综合能力，尤其是在团队环境中的表现。通过小组讨论，学生需要学习如何有效地表达自己的观点，如何倾听和回应同伴的意见，以及如何在小组内部协调不同的意见以达成共识。

（2）角色扮演是一种通过模拟历史事件中的人物角色来促进学生学习的方法，不仅活跃了课堂氛围，还深化了学生对历史事件的个人体验和理解。这种方法通过模拟具体历史情境，使学生能够从历史人物的视角出发，亲身感受和分析历史事件，从而有效地提升了学生的历史学习兴趣和历史思维能力。

①角色扮演通过让学生扮演历史事件中的关键角色，提供了一种直观且互动的学习方式。在这种教学活动中，学生不仅需要研究和理解自己角色的历史背景和行动动机，还需要通过模拟对话和决策过程来展示其角色的思想和选择。

②角色扮演增强了学生的历史感和时代感。通过亲身"体验"历史事件，学生可以更好地理解历史人物的行为和历史事件的发展过程，从而在情感和认知上对历史有更深刻的感受和理解。这种身临其境的学习体验，让学生在角色扮演中不仅学习历史知识，更通过角色的视角理解复杂的历史力量和人物关系，增强他们对历史深度和复杂性的认识。

③角色扮演还促进了学生的批判性思维和解决问题的能力。在角色扮演的过程中，学生需要基于历史事实和人物立场来做出决策和应对挑战，这要求他们不仅要有扎实的历史知识，还要能够进行逻辑推理和批判性分析。

（3）辩论也是互动式教学中的一种重要形式。通过组织学生就某一历史问题进行正反两方的辩论，学生可以深入分析问题，锻炼自己的逻辑思维和论证技巧。辩论强调理性的分析和有力的表达，能够极大地激发学生的批判性思维，使他们在争论中深化对历史事件的理解。通过有组织的辩论，学生被激励去深入探讨历史问题，从而加深对历史事件复杂性的理解和分析。

①辩论能够激发学生的参与度和积极性。在高中历史微项目教学中，辩论通常围绕某一历史事件或议题进行，学生需要在教师的指导下准备论点和论据。通过这种方式，学生不仅需要广泛地阅读历史材料以收集证据，还要学会如何从不同的视角来理解和分析问题。这种深入的讨论和准备过程本身就是一种极好的学习过程，能够让学生在辩论中体现出高度的参与和投入。

②辩论强化了学生的逻辑思维和表达能力。在辩论中，学生必须清晰、逻辑性地表达自己的观点，并有效地反驳对方的论点。这种对话和交流的过程要求学生不仅要有扎实的历史知识基础，还需要具备优秀的逻辑思维和语言表达能力。通过这样的训练，学生能够在理解历史的同时，增强自己的批判性思维和公共表达技巧，这对于他们的全面发展极为重要。

③辩论促进了学生对历史复杂性的深入理解。历史事件往往不是黑白分明的，通过辩论，学生可以探讨历史事件的多重因素和后果，从而更全面地理解历史的多维性和复杂性。

④辩论也是一种有效的评估工具。通过观察学生在辩论中的表现，教师可以直观地评价学生的历史知识掌握程度、思维深度及表达能力。这种评估方式比传统的书面考试更能动态地反映学生的实际能力和学习进展。

（三）给予学生选择与自主性

给予学生选择权和自主性是促进学生参与的另一关键策略。当学生能够在学习过程中做出选择时，他们的内在动机会显著增强。教师可以提供不同的项目主题供学生选择，或允许学生决定他们想要深入研究的特定领域。微项目教学提供了一个极好的平台，允许学生在一个由教师引导但以学生为中心的框架内，发挥主动性和创造性。实施提供选择权和自主性的教学策略，不仅可以增强学生的参与感，还能有效提升他们的学习动机和满意度，从而加深对历史知识的理解和应用。

（1）给予学生选择权意味着让学生在学习的内容、方式或评估中有更多的自主决策权，它通过赋予学生更多的自主性来增强他们的学习动力和学习效果。这种策略的核心在于让学生能够根据自己的兴趣和倾向选择学习的内容、方式或评估方法。

①提供选择权能够显著提升学生的内在动机。当学生可以选择自己感兴趣的研究方向，他们的学习不再是被动接受，而是变成了一种主动探索。这样的自主选择不仅能够让学生在学习过程中感到更加自由和舒适，还能激发他们探索未知领域的好奇心和热情。

②自主选择促进了学生的批判性思维和个性化学习。在课堂教学中，学生需要独立搜集资料、分析信息，并形成自己的观点。这一过程不仅提高了学生的研究技能，也强化了他们的分析和批判能力。通过对不同历史解释和视角的比较，学生可以发展出更加深入和全面的历史理解。这种个性化的学习途径允许学生根据自己的学习风格和节奏进行调整，从而最大化学习效果。

③提供选择权还有助于培养学生的责任感和自我管理能力。当学生被允许自主选择时，他们也承担了为自己的学习结果负责的责任。这种责任感促使学生更加积极地参与学习过程，同时也学会了如何设定目标、规划时间和评估自己的学习进展。例如，学生在研究"第二次世界大战的影响"这一主题后，需要自行计划如何分阶段收集资料、撰写报告和准备展示，这些活动都需要良好的自我管理和组织能力。

（2）教师可以允许学生选择他们的学习方法和展示形式。这一策略不仅顾及了学生个体的学习风格和偏好，也激发了他们的创造力和独立性。允许学生选择学习方法和展示形式能够有效适应不同学生的学习风格。学生的学习风格多种多样，有的学生可能更善于通过文字来理解和分析信息，而另一些学生可能更偏好视觉或听觉的学习方式。例如，一些学生在撰写历史论文时能够深入展现其对历史事件的理解和分析，另一些学生可能通过制作历史纪录片或进行口头报告来更好地表达自己的观点。教师可以提供多种选项，如写作、视频制作、演讲、戏剧表演或视觉艺术项目等，让学生根据自己的兴趣和能力选择最适合自己的表达方式。

这种策略鼓励学生发挥其个人特长，从而提高了学习的个性化和创造性。当学生能够选择一种他们感到舒适和自信的展示方式时，他们更有可能投入更多的热情和努力。这不仅使得学习过程更加富有成效，也增强了学生的自我效能感。例如，有绘画天赋的学生可以通过创作历史主题的画作来探讨和表达历史事件，而善于技术操作的学生可以通过制作多媒体演示或虚拟现实体验来呈现历史场景。这样的多样化表达不仅丰富了课堂内容，也使得学生能够从多角度和更深层次地理解历史。

（3）给予学生自主性还包括让学生参与评估和反馈的过程，这能够提升学生的参与感和责任感，让学生参与设计评估标准和工具的制定，可以极大地提升教学的透明度和公平性，同时也让学生在学习过程中扮演更加积极主动的角色。

①让学生参与评估标准的制定能够帮助他们更好地理解评估的目的和要求。在传统的教学模式中，评估标准往往由教师单方面制定，学生很少有机会了解这些标准的详细内容及其背后的教学目标。通过让学生参与这一过程，他们不仅可以对评估标准有更深的理解，还可以提出自己的意见和建议，使评估标准更加符合学生群体的实际需求和认知水平。例如，教师可以引导学生讨论什么样的评估方法最能公正地反映他们的学习成果。

②学生参与评估过程可以增强他们的自我反思和自我调整能力。当学生了解评估的标准后，他们在进行各种学习活动时会更加有目标和方向。当学生参与评估工具的设计，如自我评估表或同伴评估表，他们在使用这些工具进行自评或互评时会更加认真和公正。这不仅有助于提升学生对自身学习成果的客观认识，还能促使他们在发现问题时及时进行调整和改进。

③学生参与评估和反馈过程还能促进课堂氛围的民主化和平等化。当学生感觉到他们的意见被重视，并且能够对学习评估有所贡献时，他们的学习积极性和满意度通常会显著提高。这种策略不仅有助于建立学生和教师之间的信任和尊重，也使教学过程更加透明和开放。例如，在小组项目中学生可以互评每个成员的贡献和表现，这不仅有助于团队内部的公正性和协作，也能提升每个成员对项目的责任感和投入度。

第三节　微项目教学面临的主要问题与应对策略

一、加快高中历史微项目教学体系建设

对于高中历史微项目教学来说，目前存在的一个主要问题是项目体系的建设还不够完善。这意味着在教学实践中，微项目的结构、分类、内容选择等方面还需进一步规范和细化。为了提高微项目教学的系统性和连贯性，有必要加快微项目体系的建设步伐。高中历史课程的微项目体系可以分为三个体系，如图5-1所示。

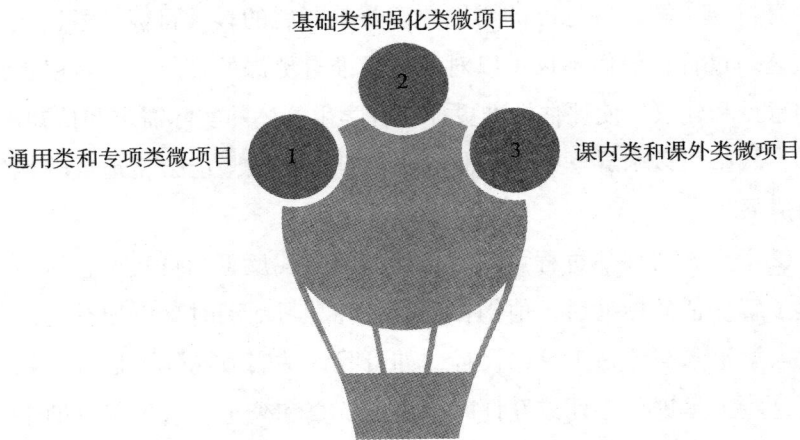

图 5-1　高中历史课程的微项目体系分类

（一）通用类和专项类微项目

在高中历史教学中，微项目通常可以划分为通用类和专项类两种类型，每种类型在教学中承担不同的角色和功能，对学生的学习有着显著的促进作用。

（1）通用类微项目的核心在于其广泛性和适应性，它们能够覆盖历史学科的多个领域或主题，从而为学生提供一个通过通用学习方法和技能训练来强化对历史的理解和分析能力的平台。通用类微项目的定义突出了其特点，即适用于不同的历史内容，从古代文明到现代历史事件均可适用，而不局限于特定的历史片段或事件。这类项目主要立足于培养学生的历史学科核心素养，如唯物史观、时空观念、史料实证、历史解释和家国情怀等。这些核心素养的培养目的是增强学生对历史学科的整体理解和应用能力。

教师在实施这些项目的过程中，需要注意项目的互动性和实践性。他们可以利用小组讨论、角色扮演等形式来增加学生的参与度和项目的实践性。教师还需要定期对学生在项目中的表现进行评估，并提供具体反馈，以帮助学生识别学习中的不足和改进方向。

（2）专项类微项目更加聚焦于特定的历史知识点或主题，通过深入探索和研究特定事件、时期或人物，极大地丰富和精确了学生的历史知识体系。专项类微项目的定义突出了其针对性和深入性。与通用类微项目相比，专项类微项目设计得更为专注和深入，旨在使学生对某一具体的历史主题有一个全面而深刻的理解。专项微项目的主要目的是通过专注的研究让学生深入了解历史事件的多维度信息。这种深入探究有助于学生建立复杂的历史事件理解，提升他们的历史思维能力。在这类项目中，学生不仅学习到事件的表面信息，更通过批判性分析和历史解释，掌握事件的深层次原因和长远影响。

（3）通用类和专项类微项目的结合使用可以使历史课程更加丰富和

系统。在教学体系中，通用项目帮助学生建立跨主题的连接和理解，而专项项目则加深了学生对特定历史内容的专业知识。通用类和专项类微项目的结合使用能够使历史课程更加丰富和系统化。在实际教学中，教师可以根据课程的整体设计和学生的学习需求，灵活安排通用项目和专项项目。例如，在一个学期的开始，教师可以安排几个通用项目帮助学生回顾和建立历史知识的框架；随着课程的深入，逐渐引入专项项目让学生在特定领域进行深入研究和实践。

教师应鼓励学生在通用项目和专项项目之间建立联系，运用在通用项目中学到的方法和技能去解决专项项目中的具体问题。这种教学模式不仅促进了学生知识的垂直和水平整合，也提升了学生运用历史知识解决实际问题的能力。

（二）基础类和强化类微项目

在高中历史微项目教学实践中，可以根据教学的深度和难度将项目分为基础类和强化类两种类型。这种分类方式有助于教师更精确地针对不同学生的学习需要和学习阶段来设计和调整教学内容，从而提高教学的有效性和针对性。

（1）基础类微项目主要围绕课程的基本知识点和核心框架展开，其主要目的是确保学生能够掌握历史学科的基础知识及理解历史事件的基本线索。这类项目的设计关键在于构建一个坚实的知识基础，为学生未来的深入学习奠定基石。基础类微项目主要围绕历史课程的核心知识点和教学框架进行设计，强调知识的广泛覆盖和基本理解。在历史教学中，这些知识点通常涵盖重要的历史事件、关键人物、主要时期及其相互关系。通过这些项目，学生可以获得一个清晰的历史大局观，理解不同历史事件和现象之间的联系。

在教学中，教师需要根据教学大纲和学生的学习进度，选择合适的时间点和主题开展基础类项目。同时，教师应监控学生在项目中的表现和进步，及时提供必要的指导和帮助。在基础类项目中，学生可能会通过创建时间线、编写历史人物简介或总结重大历史事件来形成对历史发展脉络的基本理解。这种项目设计通常围绕课程标准，确保所有学生都能达到一定的学习水平，为进一步的深入学习打下坚实的基础。

（2）强化类微项目专注于深化和拓展学生对特定历史问题或主题的理解。强化类微项目在高中历史教学中扮演着至关重要的角色，它们通过提供更深层次的学术探索和批判性分析，极大地拓展了学生的认知深度和思维广度。强化类微项目设计的核心在于促进学生对历史知识的深入理解和批判性思维的培养。与基础类微项目主要关注知识的广度和基本理解不同，强化类项目更加注重知识的深度和复杂性。通过这类项目，学生不仅仅是回顾和重述历史事实，更是需要对这些事实进行深入的分析、评价和创造性的思考。

（3）在高中历史微项目教学体系中，基础类和强化类项目的有机结合对于学生的历史学习至关重要。基础类项目为学生提供了坚实的历史知识基础，而强化类项目推动学生利用这些知识进行更高层次的思维和应用。教师在实施这两类项目时需采取灵活的教学策略，根据学生的学习需要和反馈调整教学计划和内容。教师的角色转变为引导者和协调者，他们需要为学生提供必要的学习资源，帮助他们在遇到学习挑战时找到解决策略，并通过形式多样的评估方法来监控学生的学习进度和理解深度。

（三）课内类和课外类微项目

在高中历史教学实践中，学生要学习的知识可以大致分为基础知识和拓展知识，因此微项目的实施可以分为课内类和课外类两大类别，每种类别针对不同的教学目标和学习需求。这种分类允许教师更精细地调整教学内容和方法，以适应学生的学习节奏和兴趣，同时也更好地结合教学大纲的要求。

（1）课内类微项目主要围绕教学大纲中的核心知识点展开，旨在确保每个学生都能够有效地掌握历史学科的基础知识和主要内容。这类项目是在教师的直接指导和监督下进行的，因此，它们通常安排在规定的课堂学习时间内，以充分利用教学资源和时间，确保教学大纲中规定的所有必修知识点都能被覆盖。

①课内类微项目的设计注重基础知识的系统性学习和学习效率的最大化。这些项目通过结构化的学习活动，如小组讨论、角色扮演、时间轴创建等，促使学生积极参与，从而帮助他们构建对重大历史事件、重要人物和关键时间线的清晰理解。例如，在学习中国革命历史的微项目中，学生可能需要协作完成一系列的任务，如制作详尽的时间轴，其中不仅要列出关键事件，还需解释每个事件的历史背景和其对后续历史发展的影响。

②课内项目还特别强调教师的指导角色，教师是学生学习过程中的引导者和促进者。在微项目的实施过程中，教师需要不断提供反馈，调整教学策略，确保学生能够理解复杂的历史概念并正确应用学到的知识。通过这种互动和持续的支持，学生可以更有效地连接新知与既有知识，加深对历史学科的整体理解。

③课内微项目的另一个重要方面是它们通常以高度集中的形式进行，使学生能够在有限的时间内深入探讨特定主题。这种密集的学习方式有助于学生在短时间内积累大量的历史知识，同时也培养了他们处理和分析大量信息的能力。

（2）课外类微项目侧重于拓展和深化学生的知识，使学生能够在正式课堂学习之外进行自主探索。课外项目往往涉及更广泛的主题，它们极大地拓展了学生的学习范围和深度，同时提供了自主学习的机会，鼓励学生运用课堂上学到的知识去独立解决实际问题或进行创新性的研究。与课内项目相比，课外项目的特点是开放性和探索性，它鼓励学生将课堂上学到的知识应用于更广泛的历史探索和实际问题解决中。

①课外类微项目通常不受课堂时间和形式的严格限制，为学生提供了更多的自由度和创造空间。这类项目允许学生根据自己的兴趣和热情选择研究主题，无论是深入探讨特定历史事件的多维影响，还是分析历史人物的生平和其历史作用，学生都可以在教师的指导下自由地设计和实施他们的研究计划。这种自主性不仅增加了学生对项目的投入感，还激发了他们的探索欲和创新能力。

②在执行课外项目时，学生需要进行独立的资料搜集和数据分析，这一过程要求他们运用批判性思维和解决问题的技能。例如，学生可能需要访问图书馆或在线数据库，搜集与他们选定主题相关的历史文献、档案和其他资源。通过这种方式，学生不仅能够获取信息，还能学习如何评估信息的可靠性和相关性，这是历史学术研究中的关键技能。

③课外项目的另一个重要方面是促进学生的个性化学习。每个学生都可以根据自己的学习速度和风格来安排研究工作，这种灵活性使得学生能够更深入地钻研他们感兴趣的领域。同时，教师的角色也转变为指导者和顾问，他们提供必要的指导和支持，帮助学生在研究过程中遇到的困难和挑战。

二、最大限度地赋予学生学习自由

（一）鼓励学生积极探索

微项目在实践教学中很容易又回到传统高中历史课堂以教师讲解为主，不利于学生创造性思维的培养。因此，必须塑造以学生为主体的主体性教学模式，鼓励学生积极探索历史。

第一，教师需要重新思考教学的角色和方法，转变从传统的"知识传递者"向"学习引导者"和"资源整合者"的角色转换。在微项目教学中，教师应更多地发挥引导和激发学生潜能的作用，而不是单纯地传授知识。这意味着教师需要设计开放式的学习活动，这些活动能够激发学生的好奇心和探索欲，使他们能够自主地寻找问题的答案。例如，教师可以设置一系列基于历史事件的探索性问题，让学生通过小组合作或个人研究来探求解答。

第二，为了增强学生的主体性，教师应当提高学生在探索实践中的自由度。这不仅仅是让学生选择学习的主题或项目，更重要的是允许学生在探索过程中自设路线和方法，甚至自定义评价标准。这种做法可以极大地增强学生的参与感和成就感，因为他们不再是任务的被动执行者，而是学习的主动参与者和决策者。教师的任务是在这一过程中提供必要的资源，如历史资料、研究工具和学术指导，同时保持对学生探索自由的尊重和支持。

第三，教师还应关注如何在保障学生探索自由的同时，确保学习的深度和广度。这需要教师在课程设计时，巧妙地将学生的兴趣与历史学科的核心知识和技能要求相结合。教师可以通过定期的讨论会、工作坊以及项目展示等形式，来检视和引导学生的学习进程，确保学生在享受探索自由的同时，能够达到学习目标，掌握必要的历史知识和技能。

第四，鼓励学生积极探索的过程中，教师还应充分利用现代教育技术和资源，如在线数据库、数字档案馆以及各类互动软件，这些工具能够极大地丰富学生的学习资源和环境，提高他们的学习效率和兴趣。通过这些方法，教师不仅能够有效地推动学生的历史学习，还能培养他们未来社会所需的关键能力，如问题解决能力、批判性思维和团队协作能力。

（二）注重启发学生自主思考

（1）教师需要在教学过程中积极引入观点分析的方法，这是启发学生自主思考的重要步骤。这种方法能够有效地启发学生自主思考，提升他们的历史解读能力。通过让学生评估不同的历史观点和论断的正确性，教师可以帮助学生学习如何基于史实和逻辑关系来分析和评价信息。

　　①观点分析的方法要求学生不仅仅接受历史事实，而是需要他们评估和批判不同的历史观点和论断。在历史教学中，教师可以引入多种不同的历史解释，包括主流和边缘的观点，让学生了解同一历史事件可能存在的多元解读。

　　②教师的角色是引导学生如何通过史实和逻辑关系来分析这些观点的合理性。这需要教师设计针对性的教学活动，比如小组讨论、辩论会或写作任务，让学生批判性地评价各种历史观点。在这些活动中，学生需要用证据支持自己的观点，并学会如何质疑信息的来源和作者的偏见。

　　③通过观点分析的方法，学生不仅学会了历史知识，还培养了他们的逻辑推理能力。教师可以鼓励学生在讨论中提出问题，挑战现有的历史解释，甚至鼓励学生探索历史研究中的未解之谜。例如，教师可以让学生研究某个历史事件的不同叙述，比较它们的依据和推理，评估哪些叙述更为可信。

　　④为了最大限度地促进学生的自主学习，教师还应该培养学生的自我反思能力。通过定期的自我评估和反思日记，学生可以持续跟踪自己的学习进度和思考过程，学习如何从错误中学习，如何改进自己的思考方式。教师可以提供反馈，帮助学生识别自己的思考模式中的偏差和弱点。

　　（2）教师应鼓励学生在课堂上大胆提出问题和质疑。在微项目教学中，学生常常需要对复杂的历史材料和多样的解释进行分析。教师应鼓励学生对任何不确定或难以理解的地方提出疑问，这样的探究过程可以帮助学生发展问题解决技能和独立思考能力。

　　①提问和质疑是学习过程中的自然部分，尤其在历史学科中更是如此。历史事件和人物往往可以从多个角度进行解读，不同的历史学家可能会对同一事件有不同的看法。在这样的学科特性下，教师应鼓励学生对课程内容中任何不确定或难以理解的地方提出疑问。例如，当讨论到历史上有争议的事件时，教师可以引导学生探讨为什么会存在不同的解

释，并鼓励学生对这些解释提出自己的看法和疑问。

②教师应该为学生提供一种安全的学习环境，使他们感到在表达不同意见和质疑时不会受到负面影响。这包括尊重每个学生的意见，公正地处理每个学生的提问，以及积极地回应学生的疑问。教师还应该教授学生如何进行有效的信息搜索和证据分析，帮助他们建立解决问题的技能，从而使他们能够独立地寻找答案和解决疑问。

③教师可以通过设计特定的课堂活动来促进学生的提问和思考，如辩论、模拟法庭或角色扮演等。这些活动可以让学生在模拟的情境中运用他们的历史知识，分析复杂的历史材料，从而在实际操作中锻炼他们的思考和表达能力。通过这些活动，学生不仅能够更深入地理解历史内容，还能学会如何在实际情境中应用他们的知识和技能。

④教师应当认识到，鼓励学生提问和质疑是一个持续的过程，需要在整个教学周期中不断强化。通过持续的实践和反馈，学生可以逐渐建立起自信，成为更加独立和批判性的思考者。这种教学策略不仅有助于学生的学术成长，也对其未来的个人和职业发展具有深远的影响。

（3）鼓励学生基于自己的疑问和理解提出假设，是培养其自主思考的另一个关键环节。假设的提出不仅是对现有知识的挑战，也代表着对新知识的探索和创新的尝试。通过这一过程，学生可以从被动接收信息的学习者转变为主动探索问题的研究者。

①教师需要确保课堂氛围的开放性和包容性，使学生感到在表达和探索自己的想法时不受限制。这需要教师在课堂上明确表示欢迎所有类型的问题和猜想，无论它们是否立即可解。例如，当学生在探讨某一历史事件如"工业革命"的社会影响时，可能会提出"工业革命是否加剧了社会不平等"的假设。教师应鼓励这种探索性的思维，并指导学生如何从历史资料中寻找支持或反驳这一假设的证据。

②教师应教授学生如何有效地进行历史研究。这包括如何设计研究方案，如何选择和评估历史源材料，以及如何逻辑地构建论证。教师可

以通过实例分析，展示如何从一个简单的历史问题出发，逐步深入探讨，形成系统的研究。教师还应介绍现代研究工具和资源的使用，使学生能够更广泛地获取信息。

③教师应当鼓励学生将假设视为学习过程中的一个起点，而非终点。学生应被鼓励对自己的假设进行批判性思考，并在研究过程中不断调整和完善。教师可以通过定期讨论会或研讨班的形式，让学生展示自己的研究进展，接受同伴和教师的反馈。这种互动不仅能增强学生的学术交流能力，还能帮助他们学会如何接受和利用外部的批评与建议。

④教师应当强调，学术研究是一个动态的过程，假设的验证并非总能一蹴而就。教师应该鼓励学生享受探索未知的过程，即使他们的初步假设最终被证明是错误或不完整的。通过这种方式，学生可以学习到持续探究和终身学习的重要性，这对他们未来的成长具有深远的影响。

（4）教师在启发学生自主思考的同时，也需要注意学生的知识基础和认知能力。这意味着教师应根据学生的具体情况调整教学策略，确保所有学生都能在适合自己的水平上进行思考和学习。

①教师需要对学生的认知水平有深入的了解。这可以通过日常的课堂观察、学生作业的评估以及与学生的个别交流来实现。了解学生的个体差异后，教师可以设计更为精准的教学活动，确保教学内容既不会超出学生的理解范围，也足够挑战学生的思维极限。例如，对于基础较弱的学生，教师可以简化某些复杂的历史议题，先从基本的历史事实和概念入手，逐步引导学生进行深入分析。

②教师应采用多样化的教学方法来应对学生的不同学习需求。对于理解能力较强的学生，教师可以使用更多的探究式学习任务，如开放性的研究项目和批判性思维练习，鼓励这些学生进行独立思考和深度分析。对于需要更多指导的学生，教师可以提供更多的结构化学习材料和步骤性指导，帮助他们逐步建立起对复杂历史问题的理解。

③教师在教学过程中应不断进行形成性评估，即通过观察和反馈来

监控学生的学习进度和思考深度。这种评估不仅帮助教师及时调整教学策略，也能让学生了解自己的学习状态，明确自己的学习目标。形成性评估的实施可以是通过定期的学生表现展示，或是通过学生的反馈和自我评估来完成。

（三）促进学生合作学习

分组合作学习是一种高效的学习方式，既能凸显学生的学习主体地位，也能增强学生的合作意识与能力，是助力高中历史微项目教学深入开展的重要手段。通过小组合作学习的模式，不仅能够加强学生对历史知识的理解和应用，还能够培养他们的团队合作能力和解决复杂问题的能力。因此，促进学生合作学习是实现教学目标和最大限度地赋予学生学习自由的重要手段。

1. 构建有效的学习小组是促进合作学习的基础

在高中历史微项目教学中，教师应当根据学生的能力和特点，按照"同组异质、异组同质"的原则进行小组构建。这种原则旨在每个小组内部能够集合不同能力和背景的学生，以促进学生之间的互补和互助，同时保持小组间的均衡，避免能力差距过大。

在"同组异质"原则下，每个小组能够汇聚不同特长和知识水平的学生，使得小组内的学习活动可以充分发挥出成员的潜力。例如，一名历史知识较为丰富的学生可以帮助其他同学理解复杂的历史事件，而一名擅长技术或表达的学生则可以在项目的展示或技术支持方面提供帮助。这种多样化的能力组合有助于小组内部资源的最大化利用，同时也鼓励学生学习如何在团队中发挥自己的长处。

在"异组同质"原则下，即在班级层面上尽量保持各小组能力水平的均衡，可以防止个别小组过于突出或落后，从而避免形成竞争或依赖的不良氛围。这种均衡有助于保持班级内的和谐与积极的学习氛围，确保每个小组都有平等的机会接触学习资源和展示自己的成果。

　　为了确保小组的有效运作，教师需要建立清晰的小组组织机制。这包括明确每个小组的学习目标、分配具体的任务和角色，并定期检查小组进度。在这个过程中，教师应当识别并培养具有潜在领导能力的学生，使他们在小组中承担协调和引导的角色。领导者的存在不仅能提高小组的凝聚力和执行力，还能在解决小组内部的冲突和问题时起到关键作用。

　　2. 合理分配学习任务对于提升小组合作学习的效果至关重要

　　教师需要根据历史教学的具体内容和学生的学习状况设计适合的小组项目，这些项目应当能够覆盖课程的核心知识点，同时具有一定的挑战性和探索性。

　　（1）教师在设计小组学习任务时需要确保任务既符合教学大纲的要求，又能够吸引学生的兴趣。这要求教师深入了解历史课程的核心内容，并创造性地将这些内容转化为可以操作的项目任务。例如，教师可以设计一个关于"文艺复兴时期的科学与艺术"的微项目，让学生探讨这一时期科技和艺术的互相影响。这种类型的任务不仅涵盖了历史课程的重要知识点，还具有跨学科的探索性，能够激发学生的学习热情。

　　（2）任务分配时，教师应考虑到学生的个人兴趣和专长，使任务分配尽可能个性化和具有挑战性。这可以通过在项目开始前进行兴趣和能力调查来实现，了解学生的偏好和特长后，教师可以将不同的任务分配给适合的学生。例如，在一个关于"冷战历史"的项目中，善于文献研究的学生可以负责搜集和整理时期的历史文献，而擅长口头表达的学生则可以负责组织小组讨论。

　　（3）确保每位学生在小组中都有明确的角色和责任是提升小组效率的另一个重要方面。教师需要明确每个学生的任务和期望，定期检查每个小组的进展，及时提供必要的指导和反馈。这不仅有助于保持学生的学习动力，也能确保项目能够按计划顺利进行。

3. 教师在促进学生合作学习的过程中还需要进行有效的监督和指导

教师不仅是学术指导者，也是合作学习的组织者和协调者。通过定期的监督和有针对性的指导，教师可以确保小组合作学习的质量和效率，从而帮助学生更好地达到学习目标。

（1）教师需要定期检查各小组的工作进展，确保每个小组都能按照既定的时间表和项目要求推进学习活动。这种定期的监督不仅可以及时发现学生在合作中可能遇到的问题，如任务分配不均、资源利用不足等，还可以帮助教师根据学生的实际表现和进度调整教学计划。例如，如果某个小组在研究"工业革命期间的社会变迁"时进展缓慢，教师可以提供额外的资源如学术文章、专题视频等，或者安排经验丰富的学生为其提供帮助。

（2）教师在监督的同时，还需要提供必要的学术支持。这包括向学生解释复杂的历史概念和事件，指导学生如何有效地搜索和分析历史资料，以及如何正确引用历史文献。通过这种方式，教师不仅帮助学生克服学习中的难点，还促进了学生批判性思维和解决问题能力的发展。

（3）有效的小组监督还涉及调解小组内的矛盾和冲突。在小组合作中，不同意见和个性的碰撞是不可避免的。教师应具备必要的调解技能，能够公正地处理小组内的争议，维护团队的和谐。例如，当小组成员在如何展示他们的项目成果上出现分歧时，教师可以引导学生进行开放的讨论，帮助他们达成共识。

（4）鼓励学生进行自我和同伴评价是提升合作学习效果的另一个关键方面。通过自我评价，学生可以反思自己在合作中的表现，识别自身的优点和不足；通过同伴评价，学生则可以从他人的反馈中学习，优化自己的合作方式和学习策略。教师应设计有效的评价工具和反馈机制，如评价表格、互评报告等，以确保评价的公正性和建设性。

三、创新微项目教学方法，实施混合教学

微项目教学在教学实施过程中仍然存在着一些问题：一是所选教学内容往往缺乏典型性，无法充分代表历史学科的核心知识，这影响了教学的有效性和学生的学习动机。二是学生在课外查找资料的时间过长，这减少了他们参与课堂活动的时间，同时也影响了课堂效率。三是课堂讨论和汇报的时间分配不均，以及课堂管理的不充分，进一步限制了教学活动的流畅进行。这些问题需要通过改进项目设计、优化资源分配和加强课堂管理来解决，以提高微项目教学的整体效果和学生的学习体验。

（一）改进项目设计

教师在设计微项目时，需要精心挑选具有典型性和教育价值的历史内容，确保每一个项目都能够围绕核心的历史素养展开，同时触及关键的历史事件、人物或概念。这样的选择不仅可以加深学生对历史知识的理解，还能激发他们对历史学习的兴趣。教师在选择微项目的历史内容时，应优先考虑那些能够体现历史纵深感和时代特征的主题。选择具有代表性的历史事件、关键人物或重要概念作为学习的焦点，可以帮助学生构建一个连贯的历史知识体系。这种多维度的接触不仅丰富了学习内容，也使得学习过程更加生动和有意义，极大地激发了学生的学习热情和探索欲望。

（二）优化资源分配

在高中历史微项目教学的实施中，优化教学资源的分配是至关重要的一环。这一过程不仅关乎如何有效利用教学时间，还涉及如何减轻学生在课外搜索资料的负担。正确的资源分配策略可以极大提高课堂的效率和学生学习的动力，从而达到提升教学质量和学习体验的双重目的。

第一，教师需要对教学资源进行精心筛选和预处理。这意味着教师

不仅要提供与课程内容直接相关的基础材料，如历史文献、图像、图表以及学术文章，还应包括能够激发学生兴趣的多媒体资源，如在线教学视频、互动课件和虚拟历史场景体验等。这些资源的提供应当基于学生的学习需求和课程的教学目标，旨在帮助学生构建知识框架，同时激发他们的探索欲望。

第二，教师在资源分配上应考虑其适宜性和可访问性。适宜性意味着所提供的资源应当与学生的学习水平和课程难度相匹配，不应过于简单或复杂，以避免造成学生的挫败感或浪费时间。可访问性则要求教师确保所有学生都能够在校内外轻松获取这些教学资源，这可能需要教师利用校园网络、图书馆或其他教育平台。

第三，教师应在课前向学生明确传达如何使用这些资源进行课外学习的指导方法。这包括解释资源的相关性，指导学生如何高效地从这些材料中提取信息，以及如何将信息整合应用到微项目的实际操作中。通过这种方式，学生可以在课外时间进行自主学习，有效准备课堂讨论和汇报，从而使课堂时间更加集中于深入讨论和批判性思考。

第四，优化资源分配还涉及教师对课堂时间管理的优化。通过预先提供高质量的学习材料，教师可以在课堂上减少对基础知识的过多讲解，转而将时间用于引导学生进行更深层次的讨论、互动和批判性分析。这种教学方式不仅提升了课堂的效率，也促进了学生间的交流与合作，有助于形成一个互动和共享的学习环境。

（三）把握项目实施节奏

教师在设计和实施微项目教学时，必须考虑到学生的整体学业需求和学习压力，避免因项目过于集中或过度繁重而对学生造成不必要的负担。合理的项目节奏不仅能够保证教学目标的实现，还能够促进学生健康的学业发展和个人成长。

第一，教师在设计微项目教学时，应该从一开始就清晰定义项目的学习目标和时间框架，制定一个既具挑战性又实际可行的教学计划。这种计划需要详细规划每一个教学阶段的学习目标、具体的教学活动、预期的学习成果以及相应的时间分配。例如，教师可以将项目分解为几个关键阶段，每个阶段都有明确的学习目标，如研究准备、数据收集、分析讨论和最终的成果展示。这样的结构化安排不仅使学生能够对整个项目有一个明确的期待，而且也方便教师跟踪每个学生的进展，及时进行教学调整和干预，确保学习活动能够按照既定目标顺利推进。这种方法有效地增强了项目的可管理性和预测性，使教学过程更加高效和有序。

第二，教师需要灵活调整教学进度，根据学生的学习反馈和课堂表现适时做出调整。如果发现学生在某一阶段遇到困难，教师应当及时提供额外的指导和支持，或适当延长该阶段的学习时间，确保学生能够充分理解并掌握所学知识。反之，如果学生能够更快地完成学习任务，教师则应提前进入下一阶段，保持课程的连贯性和动态性。

第三，教师在实施项目时应考虑到学生的学业负担和心理承受能力。高中学生通常面临来自多个科目的学习压力，因此，微项目教学的工作量需要与学生的总体学业负担相协调。教师可以通过设计更多合作性学习活动来分散学生的学习压力。

第四，教师应该在项目结束时安排适当的总结和反馈环节，帮助学生回顾和巩固所学知识。这不仅是对学生学习成果的确认，也是对整个学习过程的评价。通过这种方式，学生可以从整个项目中获得实质性的学习成果，同时也能够为未来的学习和项目工作提供宝贵的经验。

（四）实施混合教学模式

在高中历史教学中，实施混合教学模式旨在通过结合线上与线下教学资源和方法，以增强教学效果和学生学习体验。混合教学模式的实施能够使得微项目教学更加灵活、高效，同时也更能适应学生的个性化学习需求。

（1）混合教学模式鼓励教师将传统的教材教学与校本课程紧密结合，从而为学生提供更为丰富和多样化的学习内容。校本课程的开发让教师有机会根据学生的具体学习情况和个人兴趣定制教学内容，这种个性化的教学设计使得学习内容不限于教材所覆盖的范围，而是扩展到与学生实际生活和兴趣相关的领域。例如，如果学生对某个历史时期特别感兴趣，教师可以设计一个专题研究，让学生通过项目形式深入探索该时期的重要事件、文化特征或重要人物。这种教学活动不仅加深了学生对历史的理解，而且提高了他们的研究和批判性思维能力，使得学习过程更加生动和有意义。

（2）混合教学模式鼓励教师利用现代信息技术手段，如视频、扫描文档、互动课件等，来丰富教学资源。这些线上资源能够为学生提供更多的学习材料，也方便学生在课外自主学习和复习。通过线上平台，教师可以随时更新和分享教学资源，同时也可以组织在线讨论和互动，增强学生的学习动机和参与度。例如，教师可以制作历史事件的多媒体课件，让学生通过视频回顾历史场景，增加学习的直观性和互动性。

（3）实施混合教学模式要求教师不仅仅停留在传统的教学方法上，而是需要不断地进行自我更新和学习，以掌握新的教育技术和教学方法。这包括熟练使用教育软件、在线平台、虚拟现实工具等，以便更好地融合传统与现代教学元素。教师的专业成长是实施混合教学成功的关键，故需要通过参加专业培训、阅读最新的教育研究、参与教育技术的研讨会等方式来不断提升自己的教学能力和技术水平。与同行的交流和合作也至关重要。通过建立专业学习社群或参与教师研究项目，教师可以共享资源、交流经验、协作开发新课程，从而共同探索更有效的教学策略和实践。这种持续的专业发展和协作网络的建设，不仅可以提升个人教师的教学质量，还可以推动整个教育团队向更高效和创新的方向发展。

第六章 高中历史微项目教学成效评估

第一节 评估的原则

一、微项目教学成效评估的原则

（一）客观性原则

确保教学成效的评估过程遵循客观性原则要求评估过程应基于公正和客观的观察，依赖于实际数据，以确保评估结果能准确无偏地反映学生的真实学习成就。遵循此原则不仅提高了评估的可信度，也保证了教育评估结果的正当性和适用性。

第一，实现客观性的关键在于使用标准化的评估工具和方法。这意味着在微项目的每个环节中，评估者需要采用经过验证的测评标准，这些标准应广泛地基于教育研究和实践的共识。为增加评估的透明性，评估者应当在评估前提供详细的评估方案文档，包括评估的时间点、方法、标准和可能的结果。这种做法不仅有助于受评者更好地准备和参与评估，也有助于保持评估过程的公平性，避免因评估者的主观偏差或外部干扰而影响评估的客观性。通过这样的系统性方法，微项目教学评估能够更加公正和有效，确保教学质量的持续提升。

第二，确保评估结果的客观性，需要评估者在整个评估过程中维持一种中立的态度。这要求评估者在评价教学效果时，必须避免任何个人主观感情的干扰，如同情心、偏爱或先入为主的看法。为了实现这一点，评估者必须对自己的评估行为和标准进行严格的自我审查，确保所有的评价都基于客观的观察和可靠的数据，而非个人的偏好或情感。评估者应采取适当的措施来避免因受评者过往表现、班级表现等因素而产生的偏见。同时，定期进行评估者培训也是必要的，这样可以帮助评估者了解和实践如何在评估过程中保持客观性，识别和克服潜在的偏见。

第三，客观性原则还要求评估者在收集和分析数据时必须严谨。这首先涉及正确无误地记录项目中的各项数据，包括他们的参与度、表现出的技能以及项目完成的质量。这样的记录应当详尽无遗，以确保后续分析的基础数据的准确性。在解读这些数据时，评估者应当坚持基于事实和数据做出推论，避免任何主观偏见影响评估的公正性。这意味着任何结论或推荐都应当直接根据收集到的数据得出，而非基于个人的推测或假设。这种基于证据的方法不仅增加了评估过程的透明度，也提高了其可信度，确保评估结果能够真实反映学生的学习状况和教学策略的有效性。

（二）评估主体多元性原则

1. 学生评价

学生是教学的主体，是教师产生各种教育影响的直接体验者。学生评价的核心在于直接利用学生的体验和感受来评估教师的教学效果和教学环境，从而为教师教学和学生学习提供改进的依据。

（1）学生评价的有效性基于学生是教学互动的直接参与者这一事实，他们的体验和感受可以直接反映教学活动的实际效果。学生对于课堂的评价不仅包括对教学方法和内容的直观反馈，还涵盖了对课堂互动质量及教学内容适宜性的具体评价。这些反馈能够为教师提供宝贵的信息，帮助他们调整教学策略和方法，以更好地满足学生的学习需求。

在微项目的实施过程中，学生通过积极参与项目的各个阶段，从项目设计到执行，再到结果的呈现，都有机会对教学过程中的组织结构、教师的指导方式以及资源的分配和使用进行实时评估。例如，学生可以评价项目任务的设置是否具有挑战性和实际意义，是否能有效促进学习目标的达成；教师的指导是否具有启发性，是否能及时提供必要的支持和资源；课堂上使用的教学材料和技术是否现代化，是否能有效支持学习活动；教师在处理学生问题和建议的响应速度和效率，以及课堂氛围是否鼓励创新和批判性思维。通过这样的全面评价，不仅能增强学生的参与感和满意度，还能促使教师持续改进教学实践，提高教学质量。

（2）学生评价的设计需考虑其信度和效度。信度涉及评价工具能否可靠地重复测量，效度则关乎评价工具是否真实有效地测量了它所设计要评估的内容。因此，构建一个有效的学生评价系统需要采用科学的方法和原则，确保评价工具的标准化和系统化。学生评价表或问卷设计应全面覆盖教学活动的多个维度，包括但不限于教师的教学方法、课堂互动的频率和质量、教学内容的相关性和深度，以及微项目的组织和实施效果。每个评价项都应通过精确的问卷题目来设计，以便系统地收集数据，确保所得数据的一致性和可比性。例如，可以设计封闭问题来评估教师讲解的清晰度，开放性问题来收集学生对项目实施过程中遇到的具体问题和建议。

为了增强评价的信度，应使用多种评价工具和数据来源。除了学生的直接评价外，还可以包括同伴评价，即学生对同组成员的评价，以及教师的自我评价，即教师对自己教学效果的反思和评估。这种多源评价方法可以提供更全面、更客观的评估结果，从而更准确地指导教学改进。定期的评价和反馈会议也是提高评价效度的有效方式，通过讨论和共享评价结果，教师和学生可以共同参与教学改进的过程，增强评价的实际应用价值和教学的适应性。

（3）学生评价的实施应当注重公正性和匿名性，确保学生能够在无压力的环境下真实表达自己的看法。这有助于创造一个无压力的环境，从而使学生能够真实且自由地表达对教学过程的看法。公正性保证了评价结果不会受到任何偏见的影响，匿名性则提供了一个安全的空间，使学生能够诚实地反映他们的感受和意见，而不必担心可能的负面后果。为了有效地实施匿名评价，可以采用电子问卷的形式进行学生评价。这种方式不仅能够方便地收集和处理数据，而且能够确保学生的身份保密，避免任何个人信息的泄露。学生在填写电子问卷时，不需要提供姓名或其他能够识别个人身份的信息，这样可以增加学生对评价过程的信任，鼓励他们更加坦率地表达自己的意见和感受。

教师和学校应当在评价前向学生明确说明评价的目的和使用方式，强调评价结果将用于教学改进而非评价个人，这样可以进一步消除学生的顾虑。学校还应定期审查和更新评价工具和程序，确保评价的持续适应性和敏感性，从而更好地反映和服务于学生的学习需求和教学发展的目标。

以下是一份关于高中历史微项目教学成效的学生评价表，如表6-1所示。

表6-1　学生评价表

高中历史微项目教学成效学生评价

个人信息

1.班级：（＿＿＿＿＿＿）
2.学号：（＿＿＿＿＿＿）
3.姓名：（＿＿＿＿＿＿）（可选，以保证匿名性）

教学内容评价

4.项目主题的相关性：
□非常相关
□相关
□一般
□不太相关
□不相关
5.项目内容的兴趣程度：
□非常有趣

□有趣
□一般
□不太有趣
□无趣

教学方法评价

6.教师的教学方法：
□非常有效
□有效
□一般
□不太有效
□无效

7.项目活动的参与度：
□非常积极
□积极
□一般
□不太积极
□不积极

学习成果评价

8.对历史知识理解的深度：
□非常深刻
□深刻
□一般
□较浅
□很浅

9.项目完成的满意度：
□非常满意
□满意
□一般
□不满意
□非常不满意

开放性问题

10. 在此项目中学到的最有价值的知识或技能是什么？（开放回答）

11. 在项目过程中遇到的主要困难是什么？（开放回答）

12. 有哪些建议可以改进未来的历史微项目教学？（开放回答）

提交说明

请在完成后将本评价表交给指定的教师或投入意见箱。感谢您的参与和宝贵意见！

注：评价结果将用于教学改进而非评价个人，请同学们公正填写！

2. 同行和专家评价

这些评价不仅增强了评估的客观性和全面性，而且提供了专业的视角来衡量和提升教学质量。同行和专家评价的引入，是基于对教育质量监控和教师专业成长的需求，这种评估方式能够深入探讨教学方法的有效性，教学内容的适宜性以及教学策略的创新性。

（1）同行评价的优势在于同行教师对课堂教学的环境和挑战有直接的了解和经验，使得这种评价形式具有独特的实用性和针对性。在教育领域中，同行评价通常由教师的同事进行，这些同事们在日常工作中有着密切的合作与交流，因此他们能够从专业的角度提供深入的反馈和建议。这种评价方式不局限于对教师在课堂上的表现进行评估，还包括对教学策略、学生互动及课程内容的组织和呈现方式的全面审视。同行评价可以通过多种方式进行，最常见的是课堂观察和教学材料的互评。在课堂观察中，评价者会直接进入课堂，观察教师的教学方法、学生的反应以及课堂氛围的整体管理。这种直接观察可以使评价者准确地捕捉到教师的教学风格和与学生的互动方式，从而提供具体的改进建议。而在教学材料的互评中，教师将他们的教案、学生作业以及其他教学资源提交给同事评审，这不仅有助于提升教学内容的质量，也促进了教师之间的专业成长和资源共享。

同行评价还强调反馈的及时性和建设性，旨在通过互相学习和支持，促进教师专业技能的提升和教学质量的提高。通过这种方式，教师可以在一个支持性和非竞争的环境中探索新的教学方法，解决教学中遇到的具体问题，从而更好地满足学生的学习需求。

（2）专家评价则引入了更高层次的学术和教育专业知识，以确保教学活动的质量和符合教育的最新发展。专家评价者通常包括本学科的教授、教育研究员或具有深厚教育理论背景的教育顾问。他们的评价不仅基于广泛的知识和丰富的经验，而且能够从宏观角度对微项目的教学设计和实施进行深入分析。这些专家通过检查教学活动是否基于教育理论构建，是否与当前教育研究的最新成果相符，来确保微项目的教学策略和目标的适宜性。专家评价也会关注教学活动的创新性，探索是否引入了新的教学方法或技术，以及这些创新如何增强学习效果和学生参与度。他们还会评估项目的整体有效性，检验教学目标的达成程度和教学过程中的教学互动质量。

通过这样的评估，专家能提供关键的反馈和建议，帮助教师改进教学设计和实践。这种评价不仅有助于提高教育质量，还能推动教师的专业发展，使他们能够在教学实践中更有效地应用教育理论和研究成果。专家的评价因此成为连接教育理论和教学实践的桥梁，确保微项目教学活动能够在提升学生学习成效的同时，保持与教育创新的同步。

（3）实施同行和专家评价需要制定明确的评价标准和程序。这些标准不仅要涉及教学内容的深度和广度，确保所教授的材料既全面又深入，还要评估教学方法的创新性，看教师是否能引入新的教学理念和技术来提高教学效果。同时，学生的参与度和课程设计的逻辑性也是评估的重要方面，这包括学生在课堂上的活跃程度以及课程结构是否合理，是否能够有效支持学习目标的实现。评价程序的制定应确保整个评价过程的透明性和公正性，这包括评价的各个阶段：准备、实施和反馈。在准备阶段，需要确定评价的具体目标和方法，选择合适的评价工具，并明确评价的时间表和责任人。实施阶段要求评价活动按照既定计划进行，确保所有评价活动都能公正、一致地执行。反馈阶段则是将评价结果整理并反馈给相关的教师和管理人员，以便用于教学的改进和决策支持。

为了提高评价的有效性和确保评价过程的专业性，学校或教育机构应定期为参与评价的同行和专家组织评价技能培训。这种培训应包括评价标准的解读、评价工具的使用、数据分析技巧以及如何客观公正地给出反馈。通过这种系统的培训，可以确保每位评价者都具备必要的评价能力和知识，从而提高整个评价过程的质量和效果。

以下是一份关于高中历史微项目教学成效的同行和专家评价表，这份评价表旨在通过同行和专家的视角全面审视和评估微项目教学成效，提供有价值的反馈以促进教学质量的提升，如表6-2所示。为了设计一份适用于高中历史微项目教学成效的同行和专家评价表，我们可以构建一个包含多个关键领域的问卷，旨在全面评估教师的教学策略、教学内容的深度与广度、学生的参与和互动，以及整个项目的创新性和实用性。下面是评价表的具体内容：

表6-2　同行和专家评价表

同行和专家评价表
基本信息 评价者姓名/身份（选择同行或专家）：_____ 被评价教师姓名：_____ 日期：_____ 课程名称/微项目主题：_____ **教学内容评价**   **教学深度与广度** 1.教师是否充分涵盖了历史主题的关键方面？ 2.教学内容是否展示了足够的深度，适合高中学生的认知水平？ HT课程结构合理性 1.教学内容是否有逻辑性地组织？ 2.课程内容是否有助于学生理解历史的复杂性？ **教学方法评价**   **创新性和适应性** 1.教师是否采用了创新的教学方法？ 2.这些方法是否增强了学生的学习体验？

HT互动与参与

1.教师如何促进学生的课堂参与？

2.教学策略是否有效地激发了学生的批判性思维和问题解决技能？

学生参与与互动评价

学生参与度

1.学生在项目中的参与度如何？

2.学生是否在课堂讨论中积极发言？

小组互动

1.学生在小组工作中是否有效合作？

2.小组活动是否有助于每位学生的学习？

总体评价

教师表现总评

1.教师的总体表现如何？

2.教师在微项目教学中的强项和待改进之处？

额外建议

对于未来教学和课程设计有何建议？

开放性问题

请提供任何额外的反馈或评论，这些可能包括教学环境、学生的动机、课程的应用性等方面的建议。

3. 教师自评。教师自评不仅能促进个体教师的职业成长，而且对整个教学团队的质量提升和教学策略的优化具有积极影响。这一过程通过使教师主动参与自我评估，强化了教师对自身教学实践的深入理解与思考。

（1）教师自评的核心在于主动性和自发性。教师在自评过程中，基于一定的评价原则和标准，反思自己的教学策略、学生互动、课堂管理以及学生的学习成效等方面。这种评估不仅涉及教学内容的传递和学生学习结果的观察，还包括教师对自己教学行为的深度挖掘，比如教学方法的选择是否恰当、课堂氛围是否活跃、学生参与度是否高、教学资源是否得到有效利用等。这种自主的评价活动使教师能够从日常的教学实践中抽身出来，以更加客观的视角审视和评估自己的教学行为和教学效果。

教师自评的实施也需要一定的形式和结构，以确保评估的全面性和系统性。例如，教师可以设立具体的自评时刻，如每学期结束时或项目完成后，使用日志、问卷或视频录像等工具来记录和分析教学实践。通过这些具体的评估工具，教师不仅能够获得有关自身教学的直接反馈，还能够持续地追踪自己的教学成长和发展。

（2）教师自评是一个深度的批判反思过程。通过自我评估，教师可以识别出自身在教学过程中的优点和不足，例如，教师可能会反思自己在实施微项目教学中的具体做法，检视哪些方法有效，哪些需要改进。这种反思不限于教学技巧本身，更涵盖了教师对学生学习动机和教学内容适应性的理解。在实施教师自评的过程中，重要的是保持开放和诚实的态度，愿意接受自我批评，并寻求从同事、导师或专业发展活动中获得反馈和支持。

（3）教师自评也是一个自我教育的过程。通过定期进行自我评价，教师可以系统地反思自己的教学方法和策略，从而持续吸收新的教学理论和实践方法。这种不断的自我更新对教师而言是至关重要的，因为教育领域的知识和技术正以前所未有的速度变化更新。例如，随着科技的进步，数字工具和在线教育资源已成为现代教学的重要组成部分，教师需要不断学习如何有效地利用这些工具来增强教学互动和学生的学习体验。教师自评还帮助教师维持教学内容的相关性和吸引力。通过评估自己的教学效果并进行必要的调整，教师能够确保课程内容不仅符合教育标准，而且能够激发学生的学习兴趣和参与度。这种教育实践的反思和更新是确保教学质量持续提升的关键，也是教师职业发展中不可或缺的一部分。

（4）教师自评可以激发内在的动因，增强教师的职业满意度和职业成就感，不仅帮助教师识别和改进教学实践中的不足，而且能够显著增强教师的职业满意度和成就感。通过自我评价，教师得以从日常的教学活动中抽身出来，从更宏观的视角审视自己的教学方法和学生的学习成效。这一过程中，教师通过设定具体的个人发展目标，如提高学生互动、采用新的教学技术或深化课程内容的理解，自然而然地引导教师进行自我提升。教师可以与同行交流新的教学策略，了解行业内的最新发展趋势，从而将这些新知识和技术融入自己的教学实践。

在实现这些目标的过程中，教师需要采取切实可行的策略，比如参加专业发展研讨会、采纳同行的建议或重新设计课程结构。每当教师成功实现一个目标，无论是小的改进还是大的突破，都会增强他们的自信心和职业满意度。这种成就感不仅来源于教学技能的提升，也源自对学生学习成效的积极影响，看到学生因为自己的努力而进步，可以极大地提升教师的职业成就感。

自我评价的持续实践还能帮助教师维持对教学职业的热情和承诺。通过不断地自我挑战和更新，教师能够保持对教育事业的新鲜感和动力，从而在职业生涯中持续成长和发展。这种内在的动力是推动教师不断前进、寻求创新和提升学生学习体验的关键动因。

以下是一份关于高中历史微项目教学成效教师自评表，如表 6-3 所示。

表 6-3　教师自评表

教学准备和设计

项目设计的充分性

我是否充分理解项目目标与学习成果之间的联系？

我是否根据学生的兴趣和需求设计项目？

项目设计是否包含多元化的教学活动以适应不同学习风格？

资源的准备和利用

我是否有效地整合和利用了所有可用的教学资源？

资源是否多样化，且符合项目需求？

教学实施

课堂管理效率

我在微项目教学过程中的课堂管理是否高效？

是否有效地利用了课堂时间进行教学和学习活动？

学生参与与互动

学生在微项目中的参与度如何？

我是否采取策略提高学生的互动和参与？

学生支持与引导

对学生理解与支持的有效性

我是否能够识别并支持学生在学习中遇到的困难？

我提供的指导是否帮助学生克服学习障碍？

反馈的及时性和建设性

我提供给学生的反馈是否及时、具体且建设性？

反馈是否帮助学生理解如何改进他们的工作？

评估与反思

学习成果的评估

我如何评估学生的学习成果？

这些评估是否全面并公正地反映了学生的学习状况？

教学反思

哪些教学策略最有效，哪些不够有效？

基于本次教学经验，我有哪些具体的改进计划？

注：此自评表旨在通过详细的问题激发教师对自己的教学实践进行深入反思，从而持续提升教学质量。教师可以根据这份评价表的引导，填写具体的反馈和自我评估，最终形成一份全面的自我评估报告。

4. 领导评价。这种评价形式反映了学校管理层对教师教学活动的直接监督和评估，是保证教学质量和推动教学改革的关键一环。通过系统的领导评价，学校能够有效地监控教学进度和质量，确保教学活动符合教育目标和标准，同时促进教师的专业发展和教学方法的创新。

（1）领导评价的核心在于其权威性和系统性。学校的管理层，尤其是教学管理部门，通常由具有深厚教育理论知识和丰富实践经验的专业人士组成。这些领导者在进行教师评价时，不仅评估教师的基本教学技能和学生的学习成效，而且深入考察教学内容的充实程度和教学方法的适宜性，评价的维度涵盖教学的每一个方面。领导评价还关注教学环境的优化和教学资源的有效利用，以确保教学活动能在最佳的条件下进行。

他们会评估课堂布局的合理性、教学工具的适用性以及技术支持的充分性，从而确保所有教学资源都被合理配置和高效利用。这种评价不仅帮助提升教学质量，也促进学校教育资源的优化配置。通过这种系统性的评价，学校领导能够提供有针对性的反馈和建议，帮助教师识别自身的强项和改进领域，促进其教学技能的持续发展。

（2）领导评价通过建立正式的评估标准和程序，为教学质量提供了客观的评价基准。这些评估标准和程序广泛涵盖了教师的课堂表现、学生的反馈、教学成果以及教学对学生综合能力发展的实际影响等多个关键方面。具体来说，评估标准可能包括教师的教学方法、课堂互动质量、作业和项目的创新性，以及考核方式的适应性等。通过实施这些综合性评价，学校领导不仅能够更全面地了解教师在教学过程中的表现和效果，还能对教师在满足教学目标和学生需求方面的能力进行评估。这种评价还促进了对教师教学风格的深入理解，包括他们如何管理课堂、激发学生兴趣、处理课堂挑战以及如何利用教学资源。

（3）领导评价也具有激励和指导双重功能。通过系统的评估和及时的反馈，教师可以直接了解到自己在教学过程中的表现，包括他们的教学技巧、学生互动、课程内容的呈现以及整体课堂管理等方面的优势和需要改进的地方。这种反馈通常具体、针对性强，能够明确指出教师在哪些具体领域表现出色，以及在哪些方面可以提高。领导评价还促进教师对自身教学策略进行持续的反思和更新，特别是在教育政策和教学方法不断变化的环境中，教师可以根据反馈调整教学方法，采纳更为先进或更适合学生需求的教学技术。例如，如果反馈指出需要提高学生参与度，教师可能会尝试引入更多的互动教学活动，或者利用技术工具来增强学生的学习体验。

领导评价还可以激励教师积极参与教学改革和教育研究，推动他们在专业发展上取得进步。通过识别和奖励那些在教学实践中表现出色的教师，学校管理层可以激励全体教师持续提升自身的教育教学水平。领导的评价结果通常用于指导教师的职业发展，包括提供专业培训的机会、建议教学方法的调整和改进。这些评价也是学校内部教师晋升和教育资源分配的重要依据。通过这一系统的评价过程，学校领导能够为教师提供必要的支持和激励，帮助他们不断优化教学策略，提高教学效果，从而提升整个教学团队的能力和学校的教育质量。

（4）领导评价为学校教学管理提供了决策支持。通过对教师教学质量的系统评价，学校管理层能够得到关于教学活动实际效果的详尽数据和分析，这些信息是制定或调整教学资源配置、教学政策和教学计划的重要基础。例如，如果评估结果显示某些课程或教学方法效果出色，学校可能会决定增加这些课程的资源投入，或者将这些方法推广到全校范围。这种评价还能帮助学校管理层识别出教学中存在的问题和不足，如教师专业发展的需求、教学设施的改善或学生支持服务的增强。通过这些具体的反馈，学校可以更精准地定位需要改进的领域，制定相应的策略和措施来提高教学质量和学习环境。

领导评价还促使学校持续优化教学流程和管理模式。评价过程中收集的数据可以帮助学校管理层更好地理解教学活动如何与学生的学习成果和学校的整体教育目标相匹配。基于这些信息，学校可以不断调整教学策略，确保教学活动既符合教育标准，又能满足学生的学习需求，进而提高学生的学术表现和满意度，提升学校的整体教育水平。

以下是一份关于高中历史微项目教学成效的领导评价表，如表6-4所示。

表6-4　领导评价表

教师信息
教师姓名：_____ 授课班级：_____ 项目主题：_____ 评价日期：_____

教学内容和结构

教学目标清晰度
1 2 3 4 5（非常模糊 – 非常清晰）

内容适应性
1 2 3 4 5（不符合学生需求 – 完全符合学生需求）

教学资源的使用
1 2 3 4 5（资源缺乏 – 资源充分利用）

教学方法和创新

方法的适宜性
1 2 3 4 5（完全不适宜 – 非常适宜）

创新性和有效性
1 2 3 4 5（没有创新 – 非常创新且有效）

学生参与和互动

学生参与程度
1 2 3 4 5（极低的参与 – 非常积极的参与）

互动的频率和质量
1 2 3 4 5（互动质量差 – 互动质量高）

教学效果

学生理解和掌握程度
1 2 3 4 5（未能理解 – 完全理解）

项目达成的目标
1 2 3 4 5（目标未达成 – 目标完全达成）

续　表

教师自我反思
教师自评对比
领导对教师自评的评论
综合评价和建议
总体评价
改进的建议

（三）系统性原则

微项目教学的系统性原则强调教学过程的有序性和逻辑性，确保每个教学活动都有明确的目标和结构。在实施微项目教学时，教师必须仔细设计教学活动的顺序，使每一个环节都紧密相扣，形成连续的学习体验。这种有序的教学流程不仅有助于学生系统地理解和吸收历史知识，而且能有效提升学生的学习兴趣和主动性。通过连贯的教学设计，学生可以明显感受到自己在学习过程中的进步和成就，这种成就感会激发他们的学习热情，促使他们更加积极地参与学习。同时，系统性原则还帮助教师监控整个教学过程，确保每个学习目标都能达成，从而实现教学效果的最大化。

（四）教育性与启发性原则

教育性与启发性原则强调教学内容的易理解性、教育价值，以及能够激发学生深层次思考的重要性。教学内容应简明扼要，同时紧密结合实际，使学生能够在认识到历史知识与当代社会以及个人生活的联系时，增强学习的动机和兴趣。

第一，教育性原则要求教学内容不仅要传授知识，还要培养学生的价值观和责任感。历史教学应超越事实的陈述，引导学生理解历史事件背后的深层次意义及其对现代社会的影响。通过讨论历史事件如何影响今天的政治、经济、文化等方面，教师可以帮助学生建立起历史与现实的联系，增强教学内容的社会相关性和现实意义。

教育性原则同时强调将历史学习与学生的个人成长和素养教育相结合。通过分析历史人物的决策和行为，教师可以引导学生评价这些行为的道德层面，激发学生对正义、勇气、领导力等核心价值的反思和讨论。这种教学方法不仅增加了学习的互动性和吸引力，而且有助于学生形成批判性思维和道德判断力，从而在学习历史的过程中提升自我意识和社会责任感。

通过这种方式，历史教育不再是远离现实的知识灌输，而是变成了一种激发学生思考和自我成长的平台，使得学生能够将历史知识与现实世界联系起来，增强其教育的现实意义和生活应用价值。

第二，启发性原则强调教学策略的创新性和适应性，教师应设计富有创意的教学活动，符合教学原理和学生的认知发展规律。这种教学方式能够深入浅出地展示复杂的历史理论，使学生在参与和互动中发现知识的内在逻辑，从而达到启发思维的目的。

第三，教育性与启发性原则还要求教师能够将理性知识感性化，使抽象的历史知识具象化。通过使用多媒体、故事讲述、历史场景模拟等教学工具和方法，教师可以将枯燥的历史事实转化为生动有趣的学习体验。例如，利用视频材料展示历史事件的发生过程，或者通过学生自制的历史小报来介绍某一历史人物的生平事迹，这些都是使深奥知识通俗化的有效策略。

（五）目标导向原则

目标导向原则强调将教学目标作为评估的基础和指导。在这一原则的指导下，评估活动不仅仅是对学生学习成果的测量，更是一个确保教学活动与预定教学目标一致的过程。这种方法强调结果的重要性，同时也关注教学过程和方法的有效性。目标导向原则要求在教学计划的初始阶段就明确具体的学习目标。这些目标应当是具体、可测量的，并且能够清晰地指明预期的学习成果。评估工具和方法必须与这些教学目标紧密对应。这意味着评估策略应当能够有效地测量学生是否达到了这些具体的学习目标。在实施过程中，可以采用多种评估方式，这些方式应能全面覆盖并支持教学目标的实现。

评估不应只是一个单向的测量过程，而应成为一个双向的交流过程，通过评估结果，教师可以获得关于教学方法和学生学习状况的反馈，这些信息对于调整教学策略、改进教学方法，以及优化课程设计都至关重要

（六）可发展性原则

可发展性原则强调评估过程不仅是衡量教学成果的终点，更是促进教师和学生持续成长和发展的起点。遵循此原则的评估应以发现和解决问题为目的，而不仅仅是对过去活动的总结或评价。

第一，可发展性原则要求评估结果不仅要反映出教学过程的优势，更要明确指出存在的不足，从而为教学提供具体的改进方向。评估报告应详细分析各个教学活动的效果，如何影响学生的学习成果，并建议哪些策略或方法应保留、哪些需要调整。例如，如果发现学生在某个项目任务中表现不佳，评估应能识别出问题所在，如任务指导不明确、学生缺乏必要的前置知识等。据此，评估报告应提供具体的建议，比如改进教学方法、增强任务的指导性或重新设计学习活动，确保教学目标的实现和学生能力的全面发展。

第二，可发展性原则鼓励使用形成性评估，即在整个教学周期中多次进行的评估，不仅仅在项目结束时。这种连续的反馈机制可以及时指

导教师和学生调整学习策略，优化教学计划。形成性评估使得教学和学习过程具有迭代性，每一次评估都是对教学策略进行再认证和调整的机会，从而确保教学活动能更好地达到预设的学习目标。

第三，可发展性原则还强调评估结果的实用性和指导性，以促进教师和学生的持续发展。这种原则认为评估不应仅仅是对过去教学活动的总结，更应成为未来改进的基础。因此，评估应当提供具体、实用的建议，帮助教师和学生制定详细的改进计划和发展策略。同样，评估也可以指导学生采取更多的协作学习方式，如小组讨论和角色扮演，来深化对历史事件的理解。这样的评估不仅指出了存在的问题，更提供了改进的方向和方法，有效地将评估结果转化为教学和学习的动力。

第四，遵循可发展性原则的评估还应包括自我反思的机会，鼓励教师和学生主动思考自己的学习和教学方法，自我驱动地寻求改进与创新。通过这种自主的、反思性的评估过程，教师和学生可以不断发展其教学和学习的深度和广度，实现个人和集体的持续成长。

二、微项目教学成效评估的标准

（一）项目设计

项目设计的好坏直接关系到教学实施的成功与否。高质量的项目设计应当综合考虑学习目标的明确性、教学内容的深度与广度以及结构的逻辑性。通过这样系统、全面的项目设计，不仅能够提升学生的学习效率和效果，还能够激发学生的学习热情，促进其主动探究和批判性思维的发展。

第一，明确的学习目标是高效教学设计的基石。在微项目的设计初期，教师需明确列出学习目标，确保它们既具体又可测量，同时与课程的整体教育目标相一致，这些目标应覆盖知识点的掌握、能力的提升及情感态度的培养等方面。例如，在一个关于"文艺复兴时期重要人物及其贡献"的微项目中，教师应明确学生需要了解的关键人物，掌握对这一历史时期的评价能力，并能对文艺复兴时期的价值观进行反思。这些目标应具体到足以引导学生在学习过程中有明确的指向，同时足够广泛，以便学生能在探索中建立知识的连接。

第二，项目的组织结构必须清晰、合理，能够有效支撑学习目标的实现。一个有效的教学项目结构应该逻辑清晰，不仅展现各个知识点之间的内在联系，还应该使学生能够易于理解并逐步构建自己的知识体系。这要求教学内容的排布既要遵循从简到难的原则，也要考虑到不同学生的学习节奏和能力差异，以便每个学生都能在自己的学习路径上稳步前进。同时，教学结构的设计还应包括各种教学活动和学习资源，这些都是帮助学生深化理解和加强记忆的关键环节。通过这样综合而有序的教学安排，可以最大化地促进学生的整体学习效果。

（二）内容丰富性

内容丰富性是衡量教学成效的核心标准之一，特别是在高中历史微项目教学中，项目内容应当既能够满足知识传授的需求，又要激发学生的学习兴趣，同时又能落实学生的历史素养要求。

1. 多样性

在微项目教学中，多样性主要体现在学习资源、学习方法和表现形式的多元化。一是学习资源的选择应涵盖广泛的历史时期、地区、文化和重大事件，确保学生能从多种视角理解历史。例如，一个关于"世界各大文明比较研究"的项目，可以包括对中国、埃及、希腊、罗马等古代文明的探究，不限于政治、经济，还应涉及科技、艺术及人民生活等领域。二是学习方法应鼓励学生通过小组讨论、角色扮演、实地考察等多种方式参与历史的学习。这种多样化的学习方法能够增强学生的学习兴趣，同时提高他们的历史思维能力。三是项目的成果展示也应多样化，可以是传统的研究报告，也可以是主题演讲、多媒体演示或者线上展览等。这种多样的展示方式不仅能激发学生的创造力，还能帮助他们学会如何以不同的方式表达自己的历史理解。

2. 探究性

探究性要求学生能够在教师的引导下，主动地进行历史探索和研究。这包括确定研究主题、提出研究问题、收集和分析资料、形成结论等步骤。在历史微项目中，探究性不仅仅是对已知知识的复述，更重要的是发展学生的批判性思维和解决问题的能力。通过教学内容的设计，使学生能够理解历史的现实意义和价值。历史学习的目的不仅是让学生知道过去发生的事情，更重要的是让他们明白为什么会发生以及这对今天的我们有何影响。在教学中，教师应当引导学生思考历史事件背后的经济、政治、社会和文化因素，以及这些事件如何影响现代社会。这样的教学不仅能够增强学生的历史知识，还能培养他们的社会责任感和道德判断力。

（三）教学技巧

教学技巧是评估微项目教学成效的另一个重要方面，良好的教学技巧不仅能提高学生的学习效率，还能深化学生的历史理解，培养其批判性思维和解决问题的能力。通过提高语言表达的流畅性、示范操作的清晰性和引导思考的有效性，教师可以显著提升微项目教学的整体质量和成效，让学生在思维和技能上得到实质性的提升。

1. 语言表达流畅

在微项目教学中，作为引导者的教师，其语言表达能力尤为重要。不仅关系到教学内容的有效传递，而且直接影响到学生的学习体验和理解深度。优秀的语言表达能力包括流畅性、清晰度和简洁性，这些特点能够帮助学生更快地把握历史知识的核心，减轻学习的心理负担。简洁流畅的语言在教学中的作用如图 6-1 所示。

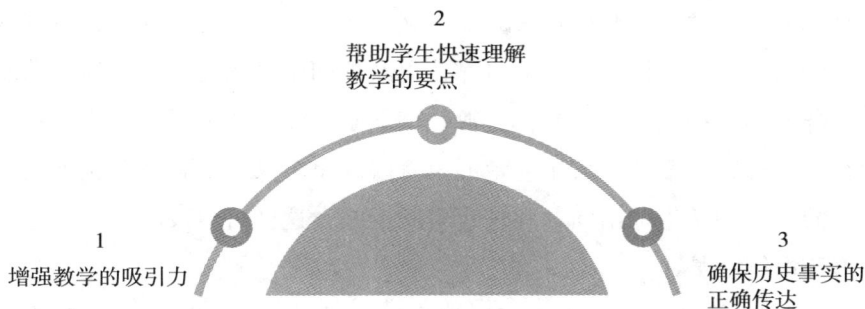

2
帮助学生快速理解
教学的要点

1
增强教学的吸引力

3
确保历史事实的
正确传达

图 6-1　简洁流畅的语言在教学中的作用

当教师能够用连贯和生动的语言讲解复杂的历史事件时，学生更容易保持注意力，对学习内容产生兴趣。例如，在讲解经济危机对全球影响的课程时，教师如果能够流畅地引出各国的不同反应及其结果，学生就更能理解这一历史现象的多维度影响。在历史微项目中，教师往往需要解释一系列复杂的时间线和人物关系。如果这些信息能够被简化成易于消化的形式，不仅可以提高教学效率，还可以避免学生在复杂的细节中迷失方向。

在历史教学中，史实本身往往具有复杂性和多样性，准确无误的语言能够保证学生不会因为理解错误而形成错误的历史观。教师应注重用词的精确性，尽量避免模糊和歧义，确保每一个历史事实都能被学生正确地理解和记忆。

2. 示范操作清晰

微项目教学中，那些涉及学生实际操作的环节，如历史文献的分析整理或历史场景的重建，教师的示范操作显得尤为重要。清晰和系统的演示步骤不仅是教学的基础，还是激发学生学习热情和确保学习效果的关键。教师在进行示范操作时必须确保所有操作步骤都被清晰地呈现出来。这包括使用适当的教学媒介，如多媒体演示、实物演示或模拟操作，以及确保所有学生都有机会近距离观察演示过程。例如，在分析一份历史文档时，教师可以利用投影仪显示文档的每一个部分，并详细解释如何识别关键信息、评估来源的可靠性以及如何整理信息。教师需要从基本步骤开始，逐步向复杂操作过渡，确保学生能够跟上学习节奏。在演示每一步骤时，教师应该用清楚的语言解释每个操作的目的和预期的结果，同时鼓励学生提出问题和进行实时反馈，这样可以及时纠正学生的误解和操作错误。

教师应在演示中不断调整教学策略，根据学生的反应和理解程度进行适时的修改。这种灵活的教学方法不仅能确保每位学生都能掌握关键的操作技能，还能增强学生的学习信心。通过实践操作，学生可以更深刻地理解历史概念和事件，同时培养其批判性思维和独立解决问题的能力。

3. 引导思考能力

历史微项目教学的核心技巧之一是能够引导学生进行深入思考，培养其分析和解决问题的能力。教学中应通过设计开放式问题、案例研究、辩论等多种教学活动，鼓励学生主动思考，探索历史事件的多种可能性和解释。通过这些方法，学生被鼓励不仅接受历史事实，而且探索历史事件的不同解释和可能性。这一教学技巧不仅加深了学生对历史知识的理解，还强化了他们的批判性思维能力，使他们能够更全面地评估复杂历史现象。通过这样的教学实践，积极培养学生发展成为具有高度思维能力的历史学习者。

（四）学生反映

学生反映是评估高中历史微项目教学成效的关键维度之一。通过细致地分析学生在学习过程中的表现、情感反应和学习成果，教师和教育者可以获得教学方法和内容优化的重要线索。

第一，学习兴趣。学习兴趣是学生学习动力的重要来源。在历史微项目教学中，教师需要关注学生对于课程内容的兴趣表现，如学生对特定话题的好奇心、主动探究的意愿等。兴趣可以通过观察学生在课堂上的行为表现（如参与度、提问频率）、课后活动的参与程度以及通过问卷调查中学生的自我报告来评估。

第二，学习参与。学习参与程度是衡量学生在教学活动中积极性的重要指标。在历史微项目教学中，学生的参与不仅体现在课堂上的积极发言和小组讨论中，也体现在他们在项目实施过程中的主动性和协作能力。通过观察学生在小组合作中的角色承担、课堂上的互动情况及课后作业的完成情况，可以全面评估学生的参与度。

第三，学习收获。学习收获是评估学生在历史微项目中知识与技能提升的关键。这一点通常通过形成性和总结性评估来测量，包括但不限于测试、论文、项目报告和口头报告等。这些评估可以显示学生对历史知识的掌握程度、分析和批判性思维能力的发展以及他们如何将学到的知识应用于实际情境中。教师应设计多样化的评估方式，以适应不同学习风格和能力的学生。

第四，学习能力的提升。学习能力的提升是指学生通过微项目教学在解决问题、批判性思维、历史分析等方面能力的增强。这通常通过比较学生在项目开始和结束时的表现来评估。有效的微项目教学应能显著提升学生的这些能力，使他们更好地理解历史事件的复杂性及其对现代社会的影响。

第五，学习情感。学习情感反映了学生在教学过程中的情绪体验和心理状态。积极的学习情感如满足感、成就感和归属感，可以促进学生的持续学习和深入探究。学生的情感状态可以通过直接交流、观察学生的行为表现或通过心理测评工具来了解。在微项目教学中，教师应通过建立支持性的学习环境和正向的师生互动，来促进学生情感的积极发展。

第二节　评估的工具与方法

在当今教育环境中，高中历史微项目教学成了一种重要的教学方式，其目的是通过小规模、高度专注的项目，加深学生对历史知识的理解和应用。为了确保这种教学方式的效果得到实际评估和持续改进，开发和使用有效的教学成效评估工具显得尤为关键。这些工具旨在从多个维度全面评估教学方法的有效性，包括学生的学习成果、教学互动的质量以及课程内容的吸引力等方面。篇幅所限，下面只介绍几种核心的评估工具，通过这些评估工具的使用，教师和教育管理者可以获得关于教学实践的深入见解，从而为制定更有效的教学策略和提高教学质量提供支持。

一、高中历史微项目教学成效评估工具

（一）随堂反思记录卡

随堂记录卡是学生在微项目教学过程中的自我捕捉，有利于促进同伴之间进行思想观念、价值观念的碰撞，提升协作能力、责任意识和合作精神。它不仅促进了学生的自主学习、协作交流和自我发展，还为教师和评估者提供了深入了解学生学习过程的有效途径。

1. 促进自主学习和自我发展

通过系统地记录课堂上的关键观点、个人的疑问和深刻的洞见，学生能够更加精确地把握自己的学习进度和节奏。这种记录使学生能够明确识别到自己在学习过程中的强项与弱点，为进一步的学习提供了方向。随堂反思记录卡的使用也极大地促进了学生的批判性思维能力。在记录自己的思考和反思时，学生不仅仅是被动接受知识，而是积极地参与知

识的整合与再创造过程，通过不断的自我问询和答疑，学生能够深入探讨历史事件背后的复杂因素，提升自己的分析能力。这种批判性的探究方式使他们能够在遇到问题时，不仅仅停留在表面，而是能够挖掘更深层次的原因，从而找到更加有效的解决方案。

随堂反思记录卡也是一个强大的自我调整工具。通过回顾和反思自己的学习记录，学生可以对自己的学习方法和策略进行调整，优化学习效果。这种自我反省的过程不仅帮助学生在学术上取得进步，也在心理和情感上支持他们构建自信和自我效能感，为终身学习的道路奠定坚实的基础。

2. 提升协作能力和责任意识

使用随堂反思记录卡还可以加强学生的协作能力和责任意识。在微项目的协作任务中，学生需要与同伴合作解决问题或完成项目，记录卡可以帮助他们记录合作过程中的分工、讨论和共同决策的细节。这些记录不仅有助于每个学生评估自己在团队中的贡献，也使他们对团队的整体表现有更清晰的了解。记录卡的使用鼓励学生承担责任，促使他们更加认真地对待团队的任务和目标。

3. 促进思想和价值观的交流

随堂反思记录卡通过记录学生在学习过程中的思考和感悟，为学生之间的思想和价值观提供了交流的平台。通过这种方式，学生能够表达自己对特定事件或人物的个人理解和情感反应，同时，他们的价值判断也在这一过程中得以显现和发展。在学习历史的过程中，每位学生可能会基于自己的背景、文化和个人经验对同一历史事件有不同的理解和感受。随堂反思记录卡使得这些多样的视角得以记录下来，并在班级中共享。例如，对于一个历史争议或重大事件，通过查看同伴的反思卡，学生不仅能够看到不同的观点，还能通过对比这些观点来更全面地理解事件本身及其复杂性。通过这种方式，学生可以相互启发，通过对比和讨论不同的观点，提升他们对历史的深层理解。

4. 信息交流与共同提高

随堂反思记录卡也是信息交流和共同学习的重要媒介。学生通过查看同伴的记录卡，可以了解他人的学习方法和思考模式，从而启发自己的思考和学习策略。同时，教师可以利用这些记录来引导班级讨论，提出改进建议，促进学生间的互帮互助，共同提升学习效果。

5. 教师和评估者的全面理解

对教师和教学评估者而言，随堂反思记录卡提供了从学生角度出发的直接视角，帮助他们更全面地了解学生的学习经历和行为路径。通过定期审阅这些记录卡，教师可以观察到学生对特定主题的兴趣水平，识别出教学方法的有效性以及学生学习中的障碍。这种洞察力使教师能够及时调整课程设计，采用更适合当前班级的教学策略和方法。例如，如果多数学生在某个历史事件的分析上存在困难，教师可能会决定重新讲解该事件，或者设计更具互动性的活动来帮助学生深化理解。

随堂反思记录卡也为教学评估者提供了一个实证的基础来评价教学效果。评估者可以通过分析这些记录卡中的数据，如学生的自我评价、学习难点和课堂参与情况，来评估教学活动的有效性和教师的教学质量。这不仅增加了评估的客观性，还促进了教学质量的持续提升。

下面我们为"高中历史微项目教学成效评估"设计一张随堂反思记录卡，如表 6-5 所示。

表 6-5　随堂反思记录卡

序号	内容部分	说　明
1	学生姓名	记录学生的姓名
2	日期	填写记录卡的具体日期

序号	内容部分	说　明
3	微项目主题	简要描述微项目的主题或标题
4	我喜欢我们组的	学生描述对小组某一方面的喜爱
5	我所关心的方案内容	学生表达对当前项目方案的关注点
6	我希望在小组中学到	学生对从小组学习和合作中希望获得的知识或技能的期望
7	我学到的新东西	学生反思课程中学到的新知识或技能
8	我还未解决的问题	学生列出在学习过程中遇到但尚未解决的问题
9	我希望为我们组做的贡献	学生描述他们希望为小组提供的具体贡献
10	今日学习目标	教师预设的学习目标
11	今日学习内容摘要	简短总结课堂讲授的主要内容
12	课堂参与度	学生评价自己的课堂参与情况，如积极性、讨论贡献等
13	教学建议	学生对教学方法或内容的建议
14	自我评价	学生对自己今天的学习表现进行自评
15	行动计划	针对遇到的学习难点或目标，学生制定的行动计划

使用说明：

•学生反思问题(4—9)：这些问题旨在引导学生深入反思他们在小组内的体验和个人学习过程，促进学生之间的交流与协作。

•今日学习目标与内容摘要(10—11)：帮助学生与教师的预期目标对齐，确保学习内容的吸收。

•课堂参与度与教学建议(12—13)：鼓励学生积极参与课堂活动，提出教学改进建议，增强互动和反馈。

•自我评价与行动计划(14—15)：支持学生在自我认知和目标设定方面的发展，促使学生对未来的学习有明确的规划。

（二）成长记录手册

　　成长记录手册是一种极其有效的高中历史微项目教学评估工具。成长记录手册不仅仅是一种记录工具，更是一个促进教学评估、实现教学目标的平台。通过学生的主动参与和手册内容的多元化，这一工具不仅记录了学生的学习历程，还促进了他们的自我评价和自我发展。教师和评估者可以利用手册中的信息来进行全面的教学评估，从而提高教学质量，确保教学活动能够真正满足学生的学习和成长需要。

第一，手册设计的学生参与性。有效的成长记录手册应该鼓励学生参与设计和编制。这种参与性确保了记录内容的真实性和有效性，因为学生能够在记录中真实地反映自己的思考、学习挑战、解决方案及成长历程。学生的主动参与使得手册成了一个活生生的学习记录，而非一份静态的、由教师单方面编辑的文件。

第二，内容的多元性。成长记录手册的内容应包括学生的自我反思、课堂学习笔记、项目报告、同伴评价、教师反馈和家长的见解。这种多元化的内容记录不仅帮助学生从不同角度审视自己的学习过程，也提供了一个全面评估学生历史学习成效的机制。例如，学生可以记录他们对某一历史事件的理解和分析，教师和同伴的评价可以帮助他们更深入地理解这一事件的多重视角。

第三，自我评价与改进。手册的一个核心功能是促进学生的自我评价与自我改进。通过定期填写和更新手册，学生可以跟踪自己的学习进展，识别学习中的困难和挑战，并制定相应的改进策略。自我评价的过程促使学生成为自己学习的主人，培养他们的自主学习能力和批判性思维。

第四，评估的全面性与有效性。成长记录手册作为一种评估工具，其有效性在于能够全面反映学生的学习状况。教师和评估者可以通过审阅手册中的各种记录来评估教学成效，包括知识掌握、技能发展、情感态度和价值观的形成。同时，这些记录也帮助教师调整教学策略，以更好地满足学生的学习需求。

下面我们为"高中历史微项目教学成效评估"设计一份成长记录手册编制说明，如表6-6所示。

表 6-6　成长记录手册编制说明

封面页

学生姓名：填写学生姓名
学年度：填写当前学年
课程名称：高中历史微项目
教师名称：指导教师姓名

目录

明确各部分页码，方便快速访问。

介绍页

手册目的：简述手册的使用目的和如何帮助学生达到学习目标。
使用说明：如何有效使用这份手册记录和反思。

学习目标

学期学习目标：列出整个学期的学习目标。
项目学习目标：针对每个微项目设定具体学习目标。

学习日志

日期/微项目名称：记录日期和对应的项目名称。
学习活动描述：描述当天的学习活动，包括讲授内容、讨论话题等。
所学知识点：记录在学习活动中获得的关键知识点。
个人感悟与反思：学生对学习内容的理解和个人反思。

同伴与教师反馈

同伴评价：收集同伴对学生在项目中表现的评价。
教师评价：教师对学生表现的反馈和建议。

家长反馈

家长意见：家长对学生学习情况的观察和评价。

自我评估

学习进展自评：学生根据预设的学习目标自我评价学习进展。
学习难点与挑战：记录在学习过程中遇到的问题和挑战。
改进计划：针对遇到的难点制定的行动计划。

附件

额外材料：包括研究报告、项目作品、额外的学习资料等。

使用效果
这份成长记录手册旨在促使学生在学习历史微项目过程中，进行持续的自我监控和反思。通过详细记录和系统的反馈机制，学生能够更清楚地看到自己的学习轨迹，识别学习中的强项与弱点，并根据反馈进行调整和改善。手册的结构也鼓励了教师、同伴与家长的参与，形成一个多方参与的教学评估和支持系统，最终达到提高教学成效和学生学习成果的目的。

（三）合作学习评价指南

在高中历史微项目教学中，合作学习被视为一种核心教学策略，旨在通过团队合作、互动和共同的教学活动来促进学生的深入学习和理解。然而，在实际的教学实践中，合作学习常常面临着一系列挑战，特别是"假合作"的现象，其中学生虽然表面上在一起工作，但缺乏实质性的互动和深入的学术交流。这种表象下的合作不仅未能达到教学的预期目的，而且可能导致学生对合作学习的误解和抵触。一方面学生不知道怎么合作，另一方面学生不清楚为什么要合作，这就需要老师在微项目教学中指导学生的合作学习。

1. 明确合作的目的和标准

教师需向学生传达合作学习的核心目的：利用集体智慧深入探讨历史事件，通过多角度的讨论和分析来增强对事件的整体理解，同时，通过这种深入的讨论和共同努力，促进学生关键思维技能的发展。这不仅涵盖了对历史知识的掌握，还包括批判性思维、分析能力和解决复杂问题的能力。

在设定合作标准时，教师需要定义清晰的合作行为规范，这包括团队互助、尊重每个成员的意见、有效沟通以及共同完成任务的责任感。每个团队成员应达到的具体目标也需要明确，如各自负责的研究部分、期望的贡献度以及在团队中的行为表现。合作完成的评价标准应具体到每个环节的表现，包括团队成员如何协作解决问题、决策的合理性以及项目成果的质量。

2. 角色和责任的分配

在合作学习的框架内，角色和责任的明确分配是实现有效团队协作的关键因素。教师在这个过程中扮演着至关重要的角色，他们不仅需要向学生明确解释每个角色的特定职责，还需确保学生充分理解并接受这些角色。例如，领导者负责协调团队内部的工作流程和沟通，确保项目按时进展；记录员则负责记录会议内容和团队决策，保证信息的准确传递和存档；研究员需深入挖掘资料，提供必要的历史背景和数据支持；发言人则代表团队向外界（包括教师和其他同学）展示研究成果。

角色的轮换是合作学习策略中的一个创新点，它允许学生从不同的角度体验项目，从而更全面地发展个人能力和理解团队协作的多样性。这种轮换机制不仅提高了学生的参与度和动力，还帮助他们建立起对团队不同功能的理解和尊重，进一步培养了他们的适应性和多样化技能。通过这种实践，学生能够更好地了解各种角色的重要性以及如何在不同的团队职位中有效发挥作用，增强了他们的责任感和团队合作精神。

3. 教师应提供培训和指导

为了确保合作学习的成功，教师必须在整个过程中提供全面的培训和指导。这一教学策略的核心在于培养学生的沟通、协调、解决问题的能力，以及在团队环境中有效工作的技能。教师的角色转变为促进者和导师，他们需要设计和实施一系列的培训活动，帮助学生掌握必要的合作技巧。

（1）有效沟通的培训是至关重要的，教师需要教授学生如何清晰表达自己的想法、如何倾听他人意见，并如何通过建设性的对话达成共识。这包括基础的沟通原则，如开放性问题的使用、非语言信号的理解以及反馈的技巧。解决冲突的技能也是必不可少的，因为在任何团队中都可能出现意见不合。教师需要通过示范和指导帮助学生学会识别和解决冲突，比如通过角色扮演活动模拟冲突情景，让学生实践如何通过调解和谈判解决问题。

（2）共同制定计划和达成共识的培训也是合作学习中的关键环节。教师可以引导学生学习如何设定团队目标、分配任务和监控进度，这些都是团队管理的重要方面。通过模拟练习，如创建项目时间线或者角色分配表，学生可以在实际操作中学习到如何组织和推动团队向目标前进。

（3）在整个培训过程中，教师应该提供即时反馈，这对于学生改进技能和调整行为模式非常关键。通过即时反馈，学生可以了解到自己在沟通和团队合作中的优势和待改进的地方，从而在安全的学习环境中不断提高自己的合作能力。这种持续的学习和反馈循环是促进学生在合作学习中获得成功的关键因素。

在微项目教学评估中，合作学习评价指南是一个关键工具，它不仅帮助教师系统地指导学生的合作过程，还为评估者提供了一个重要的维度来衡量教学成效。通过这种评价指南，教师和评估者可以更精确地监控和评估每个学生及整个团队在项目中的合作表现，包括他们如何沟通、协作解决问题，以及如何共同达成项目目标。

评价指南详细列出了合作过程中应遵循的标准和期望行为，这使得教师能够在合作学习发生时，实时地提供指导和反馈。这种即时的指导和反馈对于学生来说是非常宝贵的，它不仅能帮助他们即时纠正合作中的偏差，还能加深他们对有效团队工作的理解。同时，这种评价方式也使得教学评估者能够准确地捕捉到合作学习的质量和效果，评估教学的成功程度。通过分析学生在合作中的互动模式、角色承担情况和整体任务完成度，评估者可以综合判断教学策略的效果，并提出改进的建议。这不仅提高了教学质量，也优化了学生的学习体验和成果，确保了教学活动能够达到预定的教育目标。

下面我们为"高中历史微项目教学成效评估"设计一份合作学习评价指南编制说明，如表 6-7 所示。

表 6-7　合作学习评价指南编制说明

评价指南目标
增强学生对历史事件的理解：通过团队合作，使学生能够从多个角度探讨历史事件，深化对事件背景、影响及其连续性的理解。 发展关键技能：促进学生在沟通、协调、批判性思维和问题解决等方面的技能发展。
合作学习标准
参与度：每个学生都应积极参与讨论和项目任务。 责任感：学生应对分配给他们的任务负责，确保按时完成。 支持性：团队成员应相互支持，共同解决遇到的问题。 尊重：学生之间的交流应保持尊重和礼貌。
角色和职责
领导者：负责协调团队活动，确保所有成员有机会参与。 记录员：记录会议讨论和团队决策，保持文档的更新。 研究员：收集和分析历史资料，向团队提供必要的信息支持。 发言人：在需要时代表团队向班级或教师汇报进展。
评价方法
自我评价：学生需要对自己的参与度、责任履行情况进行自我评估。 同伴评价：团队成员相互评价，关注每个人的贡献和团队合作能力。 教师评价：教师根据学生的合作表现、项目完成质量和团队动态进行评估。 最终项目评价：基于团队提交的最终项目，评估历史分析的深度和准确性。
反馈和改进
定期反馈：教师应在项目的不同阶段给予团队反馈，帮助他们及时调整和改进。 总结会议：项目结束时，团队应进行总结会议，讨论所学内容、合作过程中的成功经验和改进点。
使用说明
该评价指南应在项目开始前向学生详细介绍，并整合到教学计划中，确保学生能够遵守合作标准并有效地应用于学习过程中。

同时，我们再根据上述说明设计一份小组学习参与度评估指南，如表6-8所示。

表6-8　小组学习参与度评估指南

交　谈

要求：保持发言紧扣主题，语音适中，与所有小组成员有效交流，不干扰其他小组。

自评标准：

4分：始终紧扣主题，声音适中，与所有成员有效交流，未打扰其他小组。

3分：大部分时间紧扣主题，偶尔声音较大，与大多数成员有效交流。

2分：时常偏离主题，声音偶尔过大，与部分成员交流有困难。

1分：经常偏离主题，声音过大，交流困难。

学习专注度

要求：持续投入学习，积极设定并追求实现目标，主动发表建设性意见和想法。

自评标准：

4分：始终努力工作，积极设定并追求目标，提供多项建设性意见。

3分：大部分时间努力工作，设定目标并通过努力实现，提供一些建设性意见。

2分：间断性工作，设定少数目标，偶尔提供意见。

1分：缺乏持续努力，很少设定目标或提供意见。

责　任

要求：对自己和他人负责，积极推动小组目标的实现。

自评标准：

4分：完全对自己和他人负责，总是推动小组目标的实现。

3分：大多数时间对自己和他人负责，通常推动小组目标的实现。

2分：偶尔对自己和他人负责，偶尔推动小组目标的实现。

1分：很少对自己和他人负责，很少推动小组目标的实现。

活　动

要求：所有活动都是为了工作需要，避免打扰或接触其他组。

自评标准：

4分：始终进行必要的活动，完全不打扰或接触其他组。

3分：大部分时间进行必要的活动，偶尔可能轻微打扰其他组。

2分：时常进行非必要的活动，有时打扰其他组。

1分：经常进行非必要的活动，经常打扰其他组。

续 表

合 作

要求：独立且能与他人合作，不需要提醒即可满足小组合作要求。
自评标准：
4分：始终是独立且合作的，不需要别人提醒就能达到合作要求。
3分：大部分时间独立且合作，偶尔需要提醒才能达到合作要求。
2分：有时需要别人的帮助才能合作，经常需要提醒才能达到合作要求。
1分：大多不与他人合作。

注：此指南可以放到学生成长记录手册中。

二、高中历史微项目教学成效评估方法

（一）内部、外部评价相结合

内部评价主要由直接参与教学活动的教师和学生进行。教师的自我评价侧重于个人的教学方法和教学风格，他们可以通过反思自己在教学中的实践，特别是通过分析教学视频、学生作业以及课堂反馈来诊断和改进教学策略。例如，教师可以对课堂提问的质量和密度进行统计，评估这些问题是否真正促进了学生思维的发展。学生的评价则通常关注教学内容的适宜性、教学方式的吸引力以及教师的情感投入等方面。学生的反馈是评价教学有效性的重要指标，因为他们是教学活动的直接受益者。学生能够提供关于课堂互动、教学材料和学习环境等方面的第一手资料。

外部评价则由不参与日常教学活动的校外人员进行，如教研员、评价专家、学校领导及其他教师同行等。这类评价通常提供一个更广阔的视角，评价者依据各自的专业知识和经验对教学进行客观分析。同行评价可能专注于学科内容的深度和广度，而教研员和学校领导则可能从教育政策和学校教育目标的角度出发，评估微项目教学的整体效果和符合度。

为了最大化评价的效果，教学成效评估者应当采用一种整合内部与外部评价的方法。内部评价的自我反思和学生反馈可以直接用于日常教学的调整和改进。外部评价则提供了一种宏观的视角，帮助教师和学校认识到课程实施中可能忽视的问题，以及与教育大环境之间的对接情况。在实施过程中，可以通过以下几种方式整合内外部评价，如图 6-2 所示。

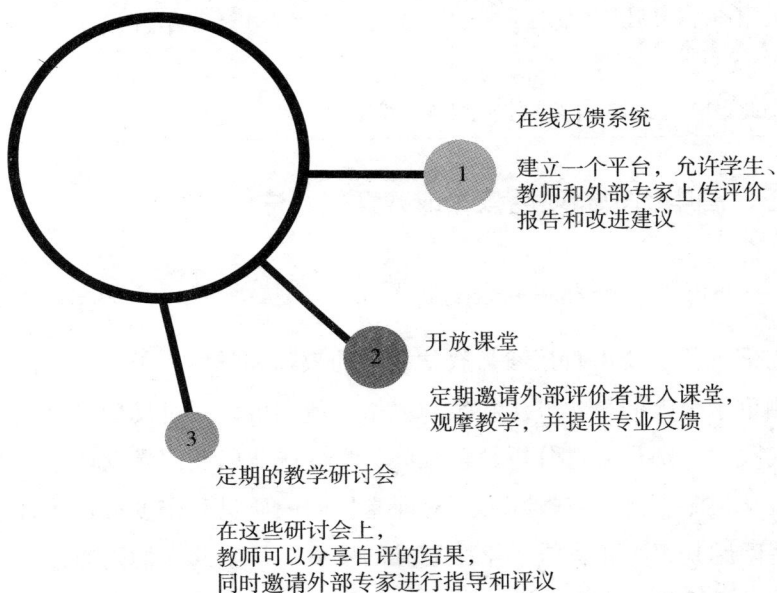

在线反馈系统

建立一个平台，允许学生、教师和外部专家上传评价报告和改进建议

开放课堂

定期邀请外部评价者进入课堂，观摩教学，并提供专业反馈

定期的教学研讨会

在这些研讨会上，教师可以分享自评的结果，同时邀请外部专家进行指导和评议

图 6-2　整合内外部评价的方式

通过内部和外部评价的有效结合，高中历史微项目教学的评估可以更全面地覆盖教学的各个方面，从教师的教学风格到学生的学习体验，再到课程与教育政策的一致性。这种多维度的评估不仅有助于提高教学质量，还能激励教师持续进行专业发展，最终提升整个教育系统的效率和效果。

（二）动态、静态评价相结合

采用动态与静态评价相结合的方法，对微项目的教学进行多方位、多层次的立体化评价，是实现教学效果的全面和精确评估目标的有效途径。这种评价方式不仅充分考虑了教学活动的连续性和复杂性，还确保了评价结果的全面性和实用性。

动态评价是指在教学过程中持续进行的、形成性的评价。它侧重于教学过程的监控和实时反馈，旨在及时捕捉学生的学习状态和教学活动的有效性，以便教师能够根据学生的学习反应和成果，适时调整教学策略和内容。动态评价的核心在于其"实时性"，它使教师能够在教学过程中即时发现问题并进行调整，从而提升教学的针对性和有效性。

静态评价则更侧重于教学活动结束后的总结性评价。这种评价通常涉及对已完成的教学项目的全面回顾，包括学生的学习成果、教学目标的达成情况以及教学方法的有效性等。静态评价的目的是通过对教学整体成果的评估，为教学实践提供结构化的反馈，以支持教育决策和教学设计的改进。

在高中历史微项目教学成效评估中，结合动态和静态评价的策略包括以下几个关键步骤：

一是教师和学生的即时反馈机制。教师应在教学过程中实施即时反馈机制，通过观察学生的参与度、讨论活跃性和作业完成情况来进行动态评价。这可以通过教师的观察记录、学生的自评以及同伴评价来完成。

二是教学视频的分析。利用录制的教学视频，教师可以在课后进行静态评价，分析自己的教学方法和学生的互动模式。这种方法有助于教师从第三方视角审视教学过程，发现问题并调整教学策略。

三是专家和同行的评价。邀请教研员、评价专家和同行教师观摩教学并提供反馈，这些外部评价者可以从专业和管理的角度对教学效果进行评估，提供宝贵的外部视角。

四是学生的总结反馈。在项目结束时，收集学生对整个学习项目的总结反馈。这不仅包括他们对知识掌握的自我评价，还应包括对教学方法、教学内容和团队合作的看法。

（三）内容评价与形式评价相结合

内容评价与形式评价相结合的评估方法不仅确保教学内容的科学性和准确性，也关注教学表现的创新性和技术质量，从而为提升学生的历史学习体验和知识掌握提供支持。

1. 内容评价专注于教学活动的核心——教学内容的质量和深度

（1）选题的特色与相关性：评估微项目的选题是否具有教育意义，是否与学生的学习需求和历史课程标准相匹配。选题应能激发学生的兴趣，并与当前的教育目标或历史事件的实际意义相关联。

（2）内容的科学性与严谨性：检查教学内容是否准确无误，信息是否来自可靠的来源。内容应全面覆盖选定主题的各个方面，以确保学生能获得全面的历史视角。

（3）资源的真实性与可信度：确保所有教学资源，包括文本、图片、视频和外部链接，都是真实可信的。资源应当经过仔细筛选，来源于权威的出版物或已经过验证的数字媒体。

2. 形式评价则关注教学方法的创新性和教学媒体的技术质量

（1）教学策略的创新与效果：评估教学策略是否能有效吸引学生参与，是否利用了最新的教育技术或方法。创新的教学策略可能包括互动式学习、协作任务或使用高科技工具来模拟历史事件。

（2）教学媒体的质量与表现手法：考察使用的教学视频和其他多媒体资料是否具有高质量的视听效果。视频应清晰、无干扰，音频质量高，编辑专业，且格式兼容各种设备，确保所有学生都能无障碍访问。

（3）作品的规范性与美观性：评估学生或教师制作的微项目作品是否符合教学美学的要求，是否整体美观大方。作品的设计应考虑到视觉吸引力和用户友好性，同时遵守教学内容的规范性。

结合内容与形式的评价策略要求教育者在设计和实施教学方案时，同时考虑这两个方面的标准：一是制定明确的评价指标。基于教学目标和学生学习结果的需要，制定具体的评价标准，既包括内容的深度和广度，也包括教学表现的形式和技术质量。二是定期的评估与反馈。在教学过程中及其结束后，通过自评、同行评价和学生反馈等多种方式收集评估数据，以便及时调整教学内容和方法。

第三节　评估结果的反馈与改进

一、评估结果的反馈

（一）学生反馈

在完成微项目教学后，为了更好地了解微项目的教学成效，评估结果应结合课堂学习、师生交流情况，以及学习效果进行反馈。为了全面捕捉学生的反馈，我们从两个层面进行收集和分析：一是关于教学成效的学生整体反馈，二是关于教学成效的学生分层反馈。

下面我们设计一张关于教学成效的学生整体反馈表，如表6-9所示。

表6-9　教学成效学生整体反馈表

学生信息
姓名(可选)：_____ 年级：_____ 班级：_____
项目满意度
对此次微项目的情境构建满意吗? □非常满意 □满意 □一般

□不满意
□非常不满意
–如果不满意，请描述你感兴趣的针对本项目的情境构建：
_____
_____

学习方式偏好

你认为教师讲授和同学展示哪个更能帮助你的学习？
□教师讲授
□同学展示
原因：
_____
_____

教学改进建议

你对本节课还有什么建议？
_____
_____

教学内容与资源

教学内容的难易程度如何？
□非常简单
□较简单
□适中
□较难
□非常难
课堂资源(视频、阅读材料等）的质量如何？
□非常好
□好
□一般
□差
□非常差

课堂互动与参与

课堂上的互动和参与机会是否足够？
□非常足够
□足够
□一般

☐不足
☐非常不足
课堂氛围是否有助于学习？
☐非常有助
☐有助
☐一般
☐无助
☐非常无助

总体评价

整体上，你对这次微项目教学满意吗？
☐非常满意
☐满意
☐一般
☐不满意
☐非常不满意

提交信息

提交日期：＿＿＿＿＿＿＿

☐我确认以上信息填写准确无误。

关于教学成效的学生分层反馈，教师在综合考虑各方面因素后可以随机选取班内成绩较好、中等、较差三个层次的学生各 n 名（不宜过多，建议每个层次 2-3 名学生，这样既可以管理反馈的可处理量，还能确保数据的代表性和实用性），让其填写调查表，以此获得学生对微项目学习效果的反馈。

下面我们设计一张关于教学成效的学生分层反馈表，如表 6-10 所示。

表 6-10　教学成效学生分层反馈表

学生基本信息

姓名：＿＿＿＿＿＿＿

年级：＿＿＿＿＿＿＿

班级：＿＿＿＿＿＿＿

微项目学习评价

你认为在历史学科微项目学习这种学习方式怎么样？
□非常有效
□有效
□一般
□不太有效
□无效
请说明理由：

＿＿＿＿＿＿＿＿＿＿＿＿＿＿＿＿＿＿＿＿＿＿＿＿＿＿＿＿

在老师运用微项目教学方法后，你在学习上有哪些改变？

＿＿＿＿＿＿＿＿＿＿＿＿＿＿＿＿＿＿＿＿＿＿＿＿＿＿＿＿

学习兴趣
□显著增加
□略有增加
□无变化
□略有减少
□显著减少
参与度
□显著增加
□略有增加
□无变化
□略有减少
□显著减少
学习成果
□显著提高
□略有提高
□无变化
□略有降低
□显著降低
具体体现或例子：

＿＿＿＿＿＿＿＿＿＿＿＿＿＿＿＿＿＿＿＿＿＿＿＿＿＿＿＿

在这个微项目学习的过程中你最大的收获是什么？

＿＿＿＿＿＿＿＿＿＿＿＿＿＿＿＿＿＿＿＿＿＿＿＿＿＿＿＿

提交信息
提交日期：＿＿＿＿＿＿＿＿＿＿
□我确认以上信息填写准确无误。

（二）教师反馈

关于教师反馈，下面我们设计一张关于教学成效的教师反馈表，如表 6-11 所示。通过这份教师反馈表，教育管理者和教师团队可以更好地理解项目的执行情况，识别存在的问题，并基于具体反馈制定改进策略。这样的系统反馈机制是提高教学质量和学生学习成效的重要工具。

表 6-11　高中历史微项目教学成效教师反馈表

项目建构评价
项目主题的选择和设计是否符合教学目标？
□是
□否
如否，请说明原因：
＿＿＿＿＿＿＿＿＿＿＿＿＿＿＿＿＿＿＿＿＿＿＿＿＿＿
项目是否提供了足够的背景资料和指导以支持学习？
□是
□否
如果否，请指出缺失的部分：
＿＿＿＿＿＿＿＿＿＿＿＿＿＿＿＿＿＿＿＿＿＿＿＿＿＿
HT
学生在小组合作中遇到的问题：
＿＿＿＿＿＿＿＿＿＿＿＿＿＿＿＿＿＿＿＿＿＿＿＿＿＿
学生的主动性和参与度：
□高
□中
□低
具体表现：
＿＿＿＿＿＿＿＿＿＿＿＿＿＿＿＿＿＿＿＿＿＿＿＿＿＿
学生是否展示了独立思考能力？
□是

□否
请举例说明：

_____

学生自评和互评的公正性：
□非常公正
□基本公正
□有偏见
如果有偏见，请描述具体情况：

_____

硬件支持及资料获取

教学所需的技术和硬件资源是否充足？
□是
□否
缺乏哪些资源？

_____

学生获取教学资料的难易程度：
□非常容易
□较容易
□有困难
□非常困难
请指出改进的具体建议：

_____

HT
请列出您认为需要改进的其他任何方面：

_____

HT
教师姓名：_____
提交日期：_____

□我确认以上信息填写准确无误。

二、改进建议

在对微项目教学成效评估结果深入分析的基础上，我们发现一些不足：

第一，评估过程本身的不规范性成为一个显著问题。由于缺乏统一的评估标准和清晰的指导方针，评估过程往往变得主观和不一致。这种不规范可能导致评估结果的可信度和有效性降低，使得从评估中得出的结论和推荐措施不够精确或难以实施。

第二，评估指标的不明确也是一个重要问题。在许多情况下，教学评估所使用的指标既不全面也不具体，这导致教学的各个方面——教学方法的创新性、学生参与度，以及学习内容的深度和广度——难以得到有效评估。指标的不明确使得评估过程难以捕捉到教学活动中最关键的改进点，限制了评估的实用性。

第三，关于学生参与评估的问题，由于学生对评估重要性的认识不足，他们往往不愿意或不知道如何提供有用的反馈。学生的反馈是评估教学质量的重要组成部分，因为学生直接参与教学活动，最能感受到教学方法的效果。缺乏有效的学生参与会导致评估结果失去一个重要的视角，从而影响教学改进的决策。

第四，教师对评估结果的参与度和积极性不足也是一大问题。如果教师不认真对待评估结果，或者对通过评估揭示的问题持防御态度，则可能忽视对教学方法的必要调整。教师的这种态度可能源于对评估流程的不信任、对改变的抗拒或是对评估结果的误解。这种情况下，即使评估能够识别出关键的教学问题，教师的不积极参与也可能阻碍实际的教学改进。

对此，我们提出以下改进建议：

（一）明确评估目标

确立明确的评估目标不仅有助于设计更为精确的评估工具和方法，还能确保收集的数据具有针对性，从而提高数据分析的有效性和相关性。在教学评估中设定明确的目标是确保评估活动能够有效支持教学目标和学习成果的关键。明确的评估目标有助于指导整个评估过程，从而使评估活动不偏离既定的教学目标和预期的学习成果。这种目标导向的评估策略能够确保所有评估活动都紧密围绕提高学生学习效果和教学质量进行。具体的评估目标使得数据收集更加有针对性，避免了无关数据的干扰，提高了评估的相关性和准确性。

1. 评估需求的识别

需要通过教学团队讨论、历史学科的教学大纲以及学生学习需求分析来识别评估需求。这一步骤是明确评估目标的基础，它确保评估目标与教学实践和学生的实际学习需求相匹配。

2. 制定具体的评估标准

在识别了评估需求后，进一步制定具体的评估标准。这些标准应明确每个评估目标所需达到的具体表现和期望结果，如学生在微项目中展示的历史分析能力、批判性思维技能等。

3. 选择或设计评估工具

根据明确的评估目标和标准，选择或设计相应的评估工具。这些工具可能包括但不限于问卷调查、观察表、学生作品分析、测试题等，每一种工具都应能有效测量设定目标的达成程度。

通过明确的评估目标，教师可以持续追踪教学效果，并根据评估结果进行必要的教学调整。这种基于证据的教学调整是提高教学质量和学生学习成效的有效途径。明确的评估目标帮助教育者识别教学中的具体问题，如学生在某个历史主题上的理解不足，从而可以设计更有针对性地教育干预措施，如增加该主题的教学时长、调整教学方法等。

（二）规范评估流程

在高中历史微项目教学中，实施规范化的评估流程是确保教学评估公正性、准确性以及结果可信度的基石。这种流程的目的在于通过系统的设计和执行，提供对教学活动的深入了解，从而推动教学质量的持续提升。规范评估流程在明确评估的目标和标准后，根据这些标准，选择或设计合适的评估工具和方法，以确保这些工具能够有效地测量教学效果。评估工具的选择还应考虑到操作的便利性和实用性，以便能在实际教学中顺利实施。

评估的实施计划应详尽规划，包括评估的时间节点、责任分配以及必要的资源配置。这个阶段的精心规划对于后续的数据收集和分析至关重要，可以预见并解决可能出现的问题。在数据收集完毕后，接下来是数据的分析和解读，这一步骤是评估流程中至关重要的部分。分析方法需要事先定义，以确保从数据中提取的信息是准确和有意义的。这些数据将被用于生成详尽的评估报告，报告不仅应详细展示评估的发现和问题，还应提出具体的改进建议。

将评估结果以报告的形式反馈给所有相关利益方，包括教师、学生、学校管理层等。及时的反馈可以帮助教师调整教学策略，管理层改进教学政策，同时也能让学生了解自己的学习状况。评估流程的最后阶段应包括对整个评估活动的反思，以及基于评估结果的教学调整和改进，确保评估流程能够为未来的教学活动带来实际的改变和提升。

（三）提高学生重视程度

学生是教学过程的直接受益者，他们的反馈对于评估教学有效性至关重要。但学生往往缺乏对教学评估重要性的认识，这可能导致他们不愿意参与评估过程或无法提供有用的反馈。因此，提高学生对教学评估的重视程度是提升整个评估质量的必要步骤。

学生对教学评估的参与不仅能提供关于教学方法、内容接受度和学习环境的直接信息，还可以增强他们的责任感和自我反思能力。通过参与评估，学生可以更加主动地思考自己的学习过程，识别学习中遇到的问题，并对教学提出具体的改进建议。这种参与促进了学生的主动学习，同时也帮助教师和教育管理者从学生的视角了解教学实践的实际效果。

为了提高学生重视程度，我们可以采取以下策略：

1. 宣传教育活动

开展宣传活动是提高学生对教学评估重视程度的有效方式。这可以通过组织学校广播、发布教育评估的新闻稿、制作评估相关的信息海报等形式进行。这些活动应明确教学评估的目的、重要性以及学生在评估中的作用，帮助学生理解他们的参与如何直接影响教学质量的提升。

2. 教育座谈会

举办座谈会或研讨会是另一种有效的策略，这可以为学生提供一个平台，让他们表达对教学的看法和评价。在这些会议中，学生可以了解评估流程、参与方式和评估结果的应用。通过直接对话，学生可以更深入地了解评估的具体内容和期望目标，从而提高他们对参与评估的兴趣和积极性。

3. 评估结果的反馈和应用

向学生明确展示他们的反馈如何被用于改进教学，是增强学生参与评估重视程度的关键。教师和学校应公开评估结果及其对教学调整的影响，让学生看到他们的意见被采纳并实际应用于提升教学过程。这种透明的反馈机制不仅增强了学生的信任感，也激励他们在未来更积极地参与教学评估。

（四）及时反馈

及时反馈的核心价值在于其能够迅速影响教学和学习的现行过程。对学生而言，及时了解自己在学习中的表现和存在的不足，有助于他们在接下来的学习中做出调整，比如加强对某一历史事件的研究，或改进学习方法以更好地理解复杂的历史概念。这种反馈如果延迟提供，可能会导致学生在错误的学习路径上越走越远，从而影响学习成果的质量。对教师而言，及时获取关于教学方法有效性的反馈至关重要。这种反馈可以来自学生的学习成果、同行的观察或教育专家的评估。教师可以利用这些信息来调整教学策略，比如改变授课方式，更新教材内容，或者引入新的教学技术。及时的教学调整有助于保证教学质量，确保教学活动能够及时应对学生的需求变化和教学环境的更新。

实现有效的及时反馈机制，需要教育管理者和教师共同努力，建立一个即时反馈系统：

1. 明确反馈的时间线和方法

教育机构应制定明确的反馈政策，规定在特定的教学活动后多久内需要提供反馈，反馈的形式是书面的、口头的还是通过电子方式提供。确保所有参与者——无论是学生还是教师——都能在规定的时间内收到反馈。

2. 利用技术工具

随着教育技术的发展，多种在线平台和应用程序可以用来收集教学数据和自动化反馈过程。例如，电子学习管理系统可以实时跟踪学生的学习进度和成绩，自动向学生和教师发送进度报告和警告信息。

3. 培训教师进行有效反馈

教师应接受如何提供有效反馈的专业培训。这包括如何根据学生的具体需要提供个性化的建议，以及如何根据收到的反馈调整教学策略。

4. 鼓励学生主动寻求反馈

教育者应培养学生主动寻求反馈的习惯。这可以通过定期让学生进行自我评估，以及在课堂上鼓励问题提问和讨论来实现。

（五）提高教师的评估反馈和改进意识

教师是教学评估和改进过程的核心参与者。他们的教学方法、课堂管理技巧以及与学生的互动直接影响学生的学习效果和教学成果的评估。因此，激励教师积极参与评估过程，关注评估结果，并基于这些结果调整和改进教学实践是提升教学效果的关键。

（1）教师需要认识到评估不仅是一种监控工具，更是一种促进教学反思和专业成长的机制。通过对教学活动的评估，教师可以获得关于自己教学效果的具体反馈，识别教学中的优点和不足。这种反馈有助于教师更深入地理解自己的教学方法如何影响学生的学习，从而做出相应的调整以提高教学质量。

（2）评估结果的反馈应当及时且具体，能够提供清晰的指导和建议，使教师能够明确哪些方面需要改进，哪些策略已经有效，并应如何调整教学计划以适应学生的变化需求。这要求评估不仅要量化学生的学习成果，更要分析教学方法的效果，以及这些方法如何适应不同学生的学习风格和能力。

（3）教育管理者应该提供支持和资源，鼓励教师利用评估结果进行教学创新。这可能包括专业发展培训，教学资源更新，以及提供时间和空间让教师进行教学实验。通过这种支持，教师能够更自信地尝试新的教学方法，探索更有效的教学策略，同时减少对失败的顾虑。

（六）利用科技手段

高中历史微项目教学中，利用科技手段，如在线学习平台和智能评估系统，不仅可以提高数据处理和结果分析的效率，还能显著提升评估的准确性。科技在教学评估中的应用主要体现在数据收集、处理和分析过程中。通过引入先进的科技工具，可以自动化这些过程，减少人为错误，加快处理速度，并提供更深入的洞见。在线学习平台是实现这一目标的重要工具之一。这些平台可以集成多种功能，如自动追踪学生的学习进度、评分、并收集学生的反馈。平台中的数据分析工具可以即时生成报告，显示学生的学习趋势、成绩分布和潜在的学习障碍。教师可以利用这些信息进行即时的教学调整，以适应学生的具体需要。在线平台支持创建互动和协作的学习环境，允许学生通过讨论论坛、虚拟小组作业等方式参与更深层次的学习。这种参与为教师提供了评估学生理解和批判性思维能力的另一视角。

智能评估系统利用人工智能技术，如机器学习和自然语言处理，来评估学生的作业和试卷。这些系统能够自动评分，并提供关于学生表现的详细反馈。更重要的是，它们能够识别学生在某些概念上的常见错误和误解，从而指导教师针对性地进行教学改进。智能系统还能分析大量的教学数据，识别教学活动中的有效性和学生学习成果之间的关联。这些分析有助于揭示哪些教学方法最有效，哪些需要改进，从而支持基于证据的教学决策。

通过整合这些科技工具，教师和教育管理者能够获得一个全面的、实时的视图，关于学生的学习状态和教学方法的效果。这不仅提高了教学评估的效率和准确性，还极大增强了教育干预的及时性和有效性。

（七）建立持续改进机制

高中历史微项目教学作为一种动态的教学活动，尤其需要一个系统的机制来定期审视和调整评估方法和指标。通过不断改进和完善评估机制，不仅可以提高评估的有效性和科学性，还能确保教学活动能够持续提升其质量和效果。持续改进机制在教学评估中的应用，意味着教育者和评估者不满足于一次性的评估结果，而是将评估视为一个循环和反馈的过程。这一机制能够帮助教师和教育管理者不断收集关于教学实践的数据，分析这些数据，以识别教学中的强项和弱点，并根据这些发现调整教学策略和评估标准。这种适应性的方法有助于教育实践与学生需求、教育技术的发展，以及教育目标的变化保持同步。

1. 定期评估和反馈

持续改进的首要步骤是定期进行教学评估。这包括按照既定的时间表收集教学相关的数据，如学生的成绩、参与度、满意度以及教师的反馈。定期的评估确保教育者可以持续监控教学方法的效果，并及时获得需要关注的问题。

2. 分析评估数据

收集的数据需要系统地分析，以识别教学过程中的模式和趋势。分析应深入具体教学活动的效果，评估不同教学方法对学生学习成效的影响。这一分析过程应考虑多种因素，如学生的初始能力、学习环境和教学资源的可用性。

3. 调整评估方法和指标

基于数据分析的结果，评估方法和指标可能需要调整。如果现有的评估工具未能准确测量学生的学习进展，或者评估指标未能全面覆盖教学目标，这些工具和指标就需要重新设计。调整可能包括改进数据收集的方法，更新评估标准，或引入新的评估技术。

4. 实施改进并监控效果

改进后的评估方法和指标需要在接下来的教学周期中实施。实施过程中，应持续监控这些调整的效果，确保它们能够更有效地评估教学成效。教育者应定期回顾整个评估和改进过程，以确保评估活动仍旧与教学目标和学生需求保持一致。

第七章　高中历史微项目教学优化策略

第一节　以终为始，逆向设计

一、优化教学目标，逆向教学设计

在高阶思维引领下的微项目教学设计中，以终为始的逆向设计方法特别强调从期望的学习成果出发来规划课程，这一策略在微项目教学中尤为重要。通过优化教学目标，教育者可以更有效地引导学生达到高阶思维的要求，确保教学活动直接对应于预设的学习成果。优化教学目标的过程涉及几个关键步骤：识别核心学习成果，设定可衡量的学习目标，以及根据最终要达到的学习成果来设定学习目标。

（一）识别核心学习成果，设定学习目标

在逆向设计框架中，优化教学目标的首要步骤是识别核心学习成果。这一过程是教学设计的基石，它要求教师深入分析课程内容，从整体教学目标中精确地确定出那些至关重要的知识和技能点，这些点构成了学生完成课程后必须掌握的学习成果。识别这些核心学习成果是确保教学活动能够有效促进学生学科素养的关键。在高中历史微项目教

学中，识别核心学习成果涉及对历史学科核心概念的深入理解。这包括
批判性思维的培养、原始材料分析的技巧，以及对历史变迁的因果关系
的理解等方面。教师在设计课程时，必须从整个学科的教学大纲出发，
综合考虑这些学习成果如何配合学生的长期学术发展及其日后的实际
应用。

逆向设计的核心在于教师必须以最终的学习成果为起点来倒推教学
活动的规划。这意味着所有教学活动、项目设计及评估标准都应围绕这
些预先设定的核心学习成果展开。每个项目或活动都需要明确对应至既
定的学习目标。通过这种方法，教师能够为学生提供清晰的学习路径，
帮助学生理解每个活动如何帮助他们接近或实现最终的学习成果。同时，
这种明确的目标对应也便于教师监控学生在不同阶段的学习进展，及时
调整教学策略以应对学生在特定领域的学习挑战或需求。

通过逆向设计，教师可以更系统地评估学生的学习成果，确保评估
方法与学习目标紧密对应。这种评估不仅关注学生的知识掌握程度，更
重视学生的思维过程和问题解决能力的发展。这样的评估反馈对于教师
而言，是对教学方法和课程内容有效性的直接检验，也是进一步调整和
改进教学的基础。

（二）设定可衡量的学习目标

在教育过程中，设定可衡量的学习目标是确保教学有效性的关键步
骤。这些目标不仅为教学提供方向，也为评估学生学习成效提供了明确
的标准。在以终为始的逆向设计策略中，确定了核心学习成果后，将这
些成果转化为具体且可衡量的学习目标是至关重要的环节。这种方法确
保教学活动可以精准地对齐核心学习成果，同时使教师能够有效地监控
和评估学生的学习进度。明确且具体的学习目标是教学设计中不可或缺
的元素。这些目标应详细描述学生需要达到的具体知识点、技能或态度，
并明确这些成果的预期水平。

将学习成果转化为可衡量的学习目标，意味着这些目标需要能够通过实际的评估方法来验证。这通常涉及设定可以观察和测量的标准，如测试分数、项目完成质量、演示的清晰度或批判性分析的深度。

二、优化评估活动

通过从预期的学习结果出发来规划评估活动，并创建与学习目标紧密对齐的评估工具，教育者可以确保评估过程既能有效测量学生的学习成果，也能促进学生对关键概念的深入理解和应用。

（一）从结果出发规划评估

逆向设计中的评估规划从确定教学的终极目标开始。这些目标通常定义为学生完成课程后应达到的核心学习成果，如对历史事件的深入理解、批判性思维能力的提升，以及历史材料的分析能力。这些学习成果不仅反映了学科知识的掌握，更重要的是反映了学生在高阶思维技能上的成长。教师需要根据这些成果来设计评估活动，这要求评估工具和方法能够有效地测量这些具体能力。规划评估活动时，必须确保每一项评估都能准确地对准既定的学习成果。这些评估活动直接关联到学习成果，可以明确地反映学生是否达到了课程目标。

在逆向设计中，评估活动的另一个关键组成部分是提供反馈。评估不仅是测量学生学习成果的工具，更是促进学生学习、促使教师教学改进的机制。有效的反馈应当及时且具体，能够指导学生如何改进学习策略，帮助学生深化对历史事件的理解，提高批判性思维和分析能力，并帮助教师调整教学方法。

（二）创建与学习目标对齐的评估工具

创建与学习目标紧密对齐的评估工具是优化评估活动的核心。逆向设计方法特别强调以学习成果为导向，由此推导出必要的教学活动和相应的评估工具。在这一框架下，创建与学习目标紧密对齐的评估工具不仅有助于确保学生的学习成果得到准确测量，还能提供必要的反馈，以优化学生的学习过程及未来的教学活动。

当评估工具能够精确地反映学习目标时，它们为教师提供了关于学生学习成果的真实和直接的证据。这种对齐确保评估不仅测量学生对知识的记忆能力，更重要的是，评估他们对复杂概念的理解程度、分析和批判性思维能力以及应用知识解决问题的能力。要设计与学习目标对齐的评估工具，必须注意以下两点：一是要分析学习目标。教师需要详细分析每一个学习目标，理解其所需的知识和技能。这包括确定学习目标的各个层面，如知识记忆、理解、应用、分析、评价和创造等。二是确保内容的相关性。设计评估工具时，内容必须与学习目标直接相关。这意味着评估中的每一个问题或任务都应该直接测量学生对特定学习目标的掌握情况。

良好的评估工具应该能够为学生和教师提供有价值的反馈。这需要评估工具不仅能够识别学生达到学习目标的程度，还应该指出他们的强项和待改进的领域。教师应使用评估结果来调整教学策略，以更好地支持所有学生的学习。创建与学习目标对齐的评估工具是一个动态过程。教师需要根据学生的反馈和学习成果的分析，不断调整和完善这些工具。这可能涉及修改评估问题的难度、改变评估的格式或引入新的评估方法。

三、强化课程资源开发

在以终为始的逆向设计优化策略中，以教学要求为标准，强化课程资源开发是提高高中历史微项目教学效果的关键。课程资源是高中历史教学的基础，课程资源的丰富性与多样性直接关系高中历史教与学的效果。因此，要立足高中历史微项目教学的要求，从以下三点做好课程资源的开发工作。

（一）校本课程资源的开发

校本课程资源开发基于学校的具体教学需求和学生的实际学习情况，强调教学内容的个性化和本地化。这种开发方式不仅让课程内容更加贴近学生的生活实际，还能够利用地方性的教育资源，如地区历史、文化特色及社区环境，从而提供更丰富的学习材料和背景。例如，在高中历史教学中，教师可以整合当地的历史事件和人物，或是与学校所在地相关的重要历史时期，将这些元素融入教学，使学习内容更具吸引力和教育意义。校本课程资源的开发能够显著提升教学的个性化和针对性，同时加深学生对学科内容的理解和兴趣。校本课程资源开发应强调教学内容与学生的实际学习环境和需求的紧密结合，通过这种方式，可以极大地增强教学的实效性和吸引力。

对于校本课程资源开发，可以从以下几个方面进行：

1.教师团队的积极参与

教师团队的积极参与是校本课程资源开发的基础。教师作为教学一线的实施者，对学生的学习需求和学习特点有直接的了解。他们的专业知识和教学经验构成了设计和实施校本课程的基石。为了确保校本课程的质量和有效性，教师团队必须深入参与课程的每一个设计环节，从课程内容的选取、教学方法的设计到评估工具的开发，确保教学活动既符合教育标准又具有创新性。在课程内容的选取方面，需要他们根据学生的学习水平、兴趣以及学习能力来选取适当的历史主题和材料。在选择教学内容时，教师需要综合考虑课程的教育目标和学生的发展需求，力求通过内容的深度和广度来满足学生的学术和认知发展。在教学方法的设计方面，应当旨在激发学生的学习兴趣，培养他们的历史思维能力，以及提高他们的分析和批判性思维能力等高阶思维能力。

2. 社会各界的参与

除了教师之外，还应邀请历史学者、教育专家及社会各界人士参与校本课程的开发。这种跨领域合作能够为课程开发带来新的视角和丰富的内容，从而极大增强课程的实用性和教育深度。

第一，历史学者通常掌握最前沿的研究成果和历史理论，他们的知识和见解可以直接帮助教师更新和深化教学内容。例如，历史学者可能提供关于某一历史事件新的研究视角，或者最近发掘的历史材料，这些都是更新教学资源的宝贵信息。通过将这些学术资源融入课程，教师不仅能提供更准确的历史信息，也能激发学生的探究兴趣和批判性思维。

第二，邀请地方政府官员、文化工作者及其他社会人士参与课程开发，可以为学生提供更广泛的学习资源和实践机会。这些社会人士通常对本地的历史和文化有深入的了解，他们可以分享许多不为教科书所涉及的本地历史故事和文化遗产信息。例如，地方政府官员可能介绍地区历史事件的背景、影响或当前的历史保护项目；文化工作者如博物馆工作人员或艺术家可以提供关于地方艺术和历史展览的详细介绍，甚至安排实地考察。

第三，企业界人士和技术专家的参与也可以极大丰富课程资源。他们可以提供技术支持，如帮助开发虚拟现实历史体验或者数字化历史档案，这些技术应用不仅使历史学习更加生动，也帮助学生以全新的方式接触和理解历史。

3. 利用多元化资源

在校本课程资源开发中，应充分利用多元化资源，包括图书馆藏书、地方档案、在线数据库、多媒体资源等，它们为学生提供了丰富且多样的学习材料，使得历史学习不限于传统的教科书内容，而是能够通过多种媒介和角度进行。

第一，图书馆藏书和地方档案提供了传统但深度的历史资源，这些资源常常包含了详细的历史记录和原始文献，是研究历史不可或缺的部分。学生可以通过这些资源学习如何进行历史研究，如何分析历史文献，以及如何从原始材料中提取信息。

第二，在线数据库和多媒体资源则为历史学习提供了现代化的支持。在线数据库允许学生和教师迅速访问到全球的历史资源，这些资源的快速获取大大提高了学习和教学的效率。多媒体资源，如视频、音频和互动软件，使得历史事件的学习更加生动，也帮助学生更好地理解复杂的历史概念和事件。例如，通过观看历史事件的纪录片，学生可以更直观地了解事件发生的背景和影响，而互动式的历史时间线工具可以帮助他们理解不同历史事件之间的联系。

第三，现代信息技术手段的利用，特别是互联网和多媒体工具，在整合和呈现历史资源方面发挥着关键作用。教师可以利用这些技术创造出互动性强的教学活动，比如虚拟现实历史场景重现，或是在线历史模拟游戏，这些都能显著提高教学的吸引力和学生的学习动力。

（二）线上学习资源的开发

在高阶思维引领下的微项目教学优化策略中，线上学习资源的开发占据了至关重要的地位。这些资源不仅增加了教学的灵活性，也为学生提供了更多样化和便捷的学习途径。随着教育技术的迅猛发展，这些资源已成为现代教育体系中不可或缺的一部分，尤其在高中历史教学中，它们的作用愈发显著。线上学习资源的开发首先需要教师充分利用现有的教育技术。这包括将传统的历史教学材料如文献、图像和视频转化为数字格式，以及创建互动式多媒体课件。这种转化不仅使得教学内容更易于获取和传播，还能显著提升学习材料的吸引力，增强学生的学习动机和参与感。例如，历史文献的数字化可以配合虚拟图书馆工具，使学生能够随时访问和研究这些材料，而多媒体课件可以通过视频、动画和交互式时间线等方式，生动地展示历史事件和过程。

为了充分发挥线上学习资源的教育潜力，开发这些资源时应特别注重其互动性和体验性，这可以使学习历史不再是被动接收信息的过程，而是变成一种动态且参与感强的体验，特别是对于复杂的历史概念和事件，游戏化学习能够通过任务和挑战激发学生的探索精神和批判性思考。

开发线上学习资源还必须考虑到资源的可访问性和包容性。这意味着每个学生，不论其地理位置、学习能力，或是所拥有的技术设备如何，都应能够无障碍地访问和利用这些学习资源。为了实现这一目标，教师和学校必须在资源的开发阶段就深入考虑到学生的多样化需求。而且，教学资源应设计成可以在各种设备上访问，无论是台式机、笔记本电脑还是智能手机，以适应不同学生的技术可用性。在线学习平台的用户界面设计应简洁直观，确保学生能够轻松导航和操作。界面的直观性对于保持学生的参与度和学习效率尤为关键。平台应考虑到易用性，例如，设计清晰的菜单、有效的搜索工具和反馈系统，以及确保加载速度快捷以适应网络连接较慢的地区。

第二节　强化主体，积极引领

一、强调学生主体地位，以学为先，以练为基

在微项目教学实践中，强调学生的主体地位是提高教学效果的基本前提。这意味着教学实践应当以学生为中心，学生作为学习的主体，应当在学习过程中扮演更为积极的角色，在教师的教学引领下，通过探索、实践和反思来构建自己的知识体系。

（一）以学为先的教学策略

以学为先的策略要求教师在正式教学之前，让学生先进行探索学习。

这种方法的核心在于激发学生的学习兴趣和主动性。这种教学模式不仅重视学生的个体差异，而且强调以学生的实际学习情况为教学调整的基础，从而更有效地促进学生能力的全面发展。

"以学为先"的策略强调学生在学习过程中的主体地位，认为学生的主动探索是学习深入理解的关键。在这种策略下，教师的角色转变为设计者、引导者和协助者，而不是单纯的信息传递者。学生通过自我探索、小组合作和互助学习等方式，对课程内容进行初步的学习和理解，教师则在此基础上进行补充和深化，以确保学生能够全面掌握知识。在微项目教学实践中，以学为先的策略具体表现为几个方面，如图 7-1 所示。

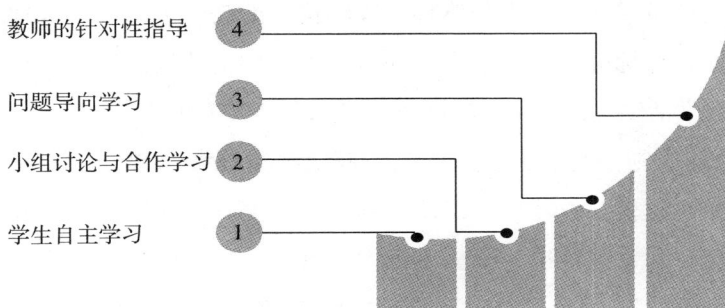

图 7-1　以学为先的策略的实践表现

（二）以练为基的实践重视

以练为基的教学策略侧重于通过实际操作和反复练习加深学生对学科知识的理解，并提高其实际操作能力。特别是在高中历史微项目教学中，以练为基不仅帮助学生巩固和应用所学知识，还培养了他们的历史思维和分析能力。以练为基的教学方法强调在学生掌握新知识之后，应给予他们充足的时间和空间进行深入的练习和实践。这种方法认为知识的真正掌握不仅需要理论学习，更依赖于通过实际操作来验证和应用这些知识。因此，在教学设计中应充分考虑如何将理论与实践相结合，使学生能够在实际操作中发现问题、解决问题，并通过这一过程深化对知识的理解。

在高中历史教学中，以练为基的实践可以通过多种形式实现，如历史研究项目、模拟活动或案例分析等。这些活动使学生能够将课堂上学到的抽象知识运用到具体情境中，检验和展示其对历史事件、人物和时期的理解。例如，教师可以设计一个项目，让学生分析特定历史事件的多种叙述和文献，识别这些材料中的偏见和局限性。通过这样的项目，学生不仅能学习到如何从不同的角度审视历史，还能够提高自己的批判性思维能力。

二、以学生为教学基点，打造教师最佳讲授体系

在高阶思维引领下的微项目教学优化策略中，打造以学生的学习为基点的最佳讲授体系，充分体现了以学论教的教学理念。这种理念不仅体现了新课程标准中促进学生在现有知识基础上持续发展的目标，而且强调了教学活动应以学生的实际学习需求和认知发展为导向。

"最佳原则"在教育实践中主要解决教师在课堂教学中的具体操作问题，如何时教、教什么，以及教到什么程度。这些决策必须基于学生的实际理解和掌握情况，确保教学内容既符合学生的学习需求，也挑战他们的思维极限。从这个角度出发，教师的角色转变为引导者和促进者，而非单纯的信息传递者。在这一体系下，教师讲授的内容需要具有高度的针对性。这意味着教师在讲解前需要深入了解学生的前知识水平和学习难点，以便设计适当的教学策略。例如，对于复杂的历史事件，教师可能需要调整讲授的深度和广度，确保学生能够在理解基本事实的同时，培养批判性思考能力。教师讲授的时间也需具有即时性，即教师需根据学生的学习反应实时调整教学内容和方法。如果学生在某一部分显示出理解上的困难，教师应立即进行针对性的解释或通过问题引导学生思考，而不是机械地按计划进行。这种灵活性是有效教学的关键，能够确保教学活动真正响应学生的学习状态，从而提高课堂效率。

最佳讲授体系强调对学生思维的引领性培养，这要求教师不仅传授知识，更重要的是激发学生的探究兴趣和独立思考能力。通过设置开放

性问题、鼓励学生间的讨论和辩论，以及引导学生批判性地分析和解决问题，教师可以有效地拓展学生思维的深度和广度。

（一）最佳讲授期

最佳讲授期指的是在学生在学习过程中遇到认知障碍时，教师进行及时有效介入的最佳时机。此时，学生通常已经通过自我探索和小组讨论对学习内容有了初步的理解和体验，但仍存在未能彻底理解或解决的问题。在这一时期，教师的引导和讲解可以最大限度地促进学生的认知发展和理解深化。最佳讲授期的概念基于构建主义学习理论，该理论认为知识是学生在与现有知识结构互动中通过个人经验构建的。在这一过程中，学生经常会遇到认知上的"鸿沟"，即他们试图理解新概念但又无法完全通过已有知识结构进行解释的状态。教师的任务是在这一关键时刻提供恰当的支持和引导，帮助学生构建新的认知桥梁，从而有效地过渡这一认知鸿沟。教师要想实现最佳讲授期策略，需要做到以下几点。

1. 监测学生的学习进展

教师应通过观察、问答、作业和小测验等多种方式，持续监测学生在学习过程中的理解深度和问题点。这不仅有助于教师了解学生的学习状态，还能够及时发现学生在学习中遇到的难题。

2. 创建问题情境

教师可以设计特定的学习活动或问题情境，促使学生展开深入讨论和探索，自然地引导他们达到认知的边缘。这种方法能够激发学生的好奇心和探索欲，使他们在尝试解决问题的过程中暴露出认知的不足。

3. 及时有效的教学介入

一旦学生出现"想说却说不出，想悟却悟不到"的情况，教师应及时进行教学介入。这种介入应精确到点，即针对学生具体不理解的部分提供解释、例证或进一步的问题引导。教师的介入应侧重于引导学生进行自我解释、自我澄清，而不是简单地提供答案。

4. 强化反馈与反思

在教师介入之后，应给予学生足够的时间进行反思和再学习，同时教师需要提供反馈，帮助学生评估自己的理解和进步。反馈应具体、及时且富有建设性，旨在鼓励学生继续探索和修正自己的理解。

（二）最佳讲授区

最佳讲授区是指那个学生已有知识和未知知识交会的临界点，即维果茨基所提出的"最近发展区"。在这个区域内，学生能力的发展和知识的掌握需要教师的适时介入和支持。理解和应用最佳讲授区的概念，可以帮助教师更有效地响应学生的学习需求，提升教学质量，并激发学生的学习潜能。最佳讲授区的概念源自心理学家维果茨基的社会文化理论，特别是他提出的"最近发展区"理论。这一理论认为，学生在独立解决问题时能达到一定的水平，而在更有经验的人的帮助下，他们能够达到更高的潜在发展水平。最佳讲授区正是位于这两个水平之间的区域，学生在这一区域内的学习活动既不会因过于简单而感到无聊，也不会因难度过高而感到挫败。

在实际教学中，教师在运用最佳讲授区策略时应注意：一是教师需要通过观察、评估和与学生的互动来识别每个学生或学生小组的当前知识水平和潜在能力。这需要教师对学生的学习历程持续关注，包括他们的兴趣、学习风格和以往的学习表现。二是一旦确定了学生的当前能力和潜能，教师就需要设计适合的教学活动来桥接这两者。在微项目教学中，这可以通过设定适度挑战的任务，引导学生应用已有的知识来探索未知领域。例如，如果一个历史微项目的目标是让学生理解不同历史事件的因果关系，教师可以先让学生回顾已知的历史知识，然后引导他们分析未学过的复杂事件，逐步建立起更复杂的历史理解。三是教师在最佳讲授区内的引导应具有针对性和灵活性。这意味着教师的介入不应该是简单的知识传授，而是应该通过提问、讨论、示范和反馈等多种形式，帮助学生构建知识框架，解决学习中遇到的问题。在这个过程中，教师的任务是挑战学生的思维，激发他们的好奇心和探究欲，引导他们独立思考和批判分析。

（三）最佳讲授级

在高阶思维引领下的微项目教学中，最佳讲授级策略是确保学生能够在教师指导下持续自主学习的关键。这一概念强调教师应当掌握教学内容的深度和广度，确保其讲授既能够激发学生的学习兴趣，又不至于超出学生当前的认知能力，从而促进学生在学习过程中的自主性和持续性发展。最佳讲授级的概念基于教育的渐进性原则，即教学应逐步引导学生从已知向未知发展，从简单到复杂逐步深入。这一策略的核心在于找到那个点，即教师的讲授恰好能让学生理解新概念的基本框架而又不完全剥夺学生自主探索的空间。这种教学策略不仅有助于保持学生的学习动力，还能够有效地培养学生的自学能力和问题解决能力。

在实际教学中，实施最佳讲授级需要教师深入了解学生的学习基础、认知结构和学习风格。通过精准评估，教师能够确定在何种程度上介入教学是最为恰当的。以下是几个实施最佳讲授级的关键步骤：

1. 学生能力的评估

在开始教学之前，教师需要通过观察、测试和讨论等方法，评估学生对先前知识的掌握程度以及他们解决新问题的能力。这一步骤是确定教学起点和深度的基础。

2. 设定学习目标

基于学生能力的评估，教师应设定清晰的、可达成的学习目标。这些目标应与学生的能力相匹配，既不应过于简单，以免学生感到无聊，也不应过于复杂，以免学生感到沮丧。

3. 分阶段教学

教师应将复杂的知识点分解成多个小阶段进行讲授。每一个阶段的结束都应允许学生有时间进行练习和探索，以巩固所学知识并激发进一步的学习兴趣。

4. 及时反馈与调整

在教学过程中，教师应提供及时的反馈，帮助学生了解自己的学习进展并及时调整学习策略。反馈应具体、建设性，能够指导学生如何改进学习方法。

5. 鼓励自主学习

在达到每个教学阶段的末端时，教师应鼓励学生自主探索未覆盖的内容或更深层次的问题。这种策略有助于学生建立自主学习的习惯，提高学习的自驱力。

三、加强师资队伍建设

在现代教育体系中，尤其是在以高阶思维为导向的微项目教学模式下，师资队伍的建设显得尤为重要。高中历史教学的复杂性要求教师不仅要有深厚的学科知识，还需要具备先进的教学技能和方法，以适应教育模式的快速变化和学生需求的多样化。在高中历史微项目教学的优化策略中，加强师资队伍建设是提升教学质量、优化教学效果，强化教师引领作用的关键措施之一。

（一）变革教学观念

对于高中历史微项目教学来说，教师改变传统的教学观念，接受并理解微项目教学的价值和意义是必要的。这种变革不仅要求教师改变传统的教学方式和理念，还要求他们接受并运用新的教学方法来满足当代学生的学习需求。微项目教学的引入是对传统教学模式的一种挑战，也是一种机遇，它旨在通过实际操作和探究学习来促进学生的批判性思维、问题解决能力和团队合作精神的发展。

教学观念是教师在教学活动中所持有的信念、态度和价值观。传统的教学观念往往侧重于知识的传递，教师在教学过程中扮演主导角色，而学生是被动的接受者。但这种模式并不适应新时期的教育需求，尤其是在培养学生的高阶思维能力方面存在明显的不足。微项目教学要求教师转变这一观念，将教学焦点从教师的教转移到学生的学，强调学生的主动参与和实践经验。教师首先需要理解微项目教学的核心价值和教学目标。微项目教学通过引入基于项目的学习任务，使学生能够在解决实际问题的过程中发展高阶思维能力，如批判性思维、创新、合作与沟通能力。这种教学方式能够让学生在真实或模拟的环境中应用所学知识，进行深入探索和自我反思，从而达到知识的深层次理解和应用。

（二）加强信息技术培训

在当今数字化时代，信息技术已成为教学领域不可或缺的一部分。教师在实施微项目教学过程中，必须具备相应的信息技术能力，以便充分利用各种现代教育技术工具和平台，提高教学效率和教学质量。因此，加强信息技术培训成为提升教师专业技能、优化微项目教学实践的重要策略。信息技术在教学中的应用极大地丰富了教学方法和手段，提高了学生的学习动机和参与度。通过利用在线学习管理系统，教师可以更有效地管理教学资源、布置和批改作业、进行学习进度跟踪等。多媒体制作软件和互动式教学工具则能够帮助教师创造生动有趣的学习材料，增强学生的学习体验，使抽象的概念形象化，复杂的问题简单化。

随着教育技术的快速发展，教师需要不断更新自己的技术知识和技能，以跟上时代的步伐。未经适当培训的教师可能无法充分利用这些工具和资源，从而影响教学效果。因此，教育机构需要为教师提供系统的信息技术培训，帮助他们熟练掌握现有的教育技术，并鼓励他们探索新的技术应用，以适应不断变化的教学需求。

1. 基础技能培训

教育机构应首先确保所有教师掌握信息技术的基础操作技能。这包括基本的计算机操作、常用教育软件的使用、网络安全知识等。基础培训为教师后续的技术学习打下坚实的基础。

2. 高级应用培训

在基础培训的基础上，教师应接受更高级的信息技术应用培训，这包括高级多媒体制作、复杂数据管理和分析、在线课程设计与开发等。这类培训可以帮助教师更深入地理解和应用信息技术，以满足专业化的教学需求。

3. 持续学习和专业发展

信息技术是一个快速发展的领域，新的工具和应用不断涌现。教育机构应鼓励和支持教师进行持续的专业发展，参加在线课程、研讨会、工作坊等，以保持他们的技术知识和技能的最新状态。

4. 交流与合作

加强教师之间的交流与合作也是信息技术培训的重要部分。通过建立教师社区、分享平台等，教师可以相互交流信息技术在教学中的应用经验，共同探索新的教学方法和技术，从而提升整个教师团队的技术应用能力。

第三节　加强校内外的交流与合作

一、校内外资源共享平台的建设

建设校内外资源共享平台是实现教育资源最大化利用和优化微项目教学的有效策略，这种平台不仅可以优化资源配置，还能加强教育合作，提升教育质量。通过共享平台，教育机构能够跨越物理和地理限制，实现知识、信息和教学资源的广泛传播和有效利用。共享平台通过集成和优化校内外教育资源，提供一个互动、协作的开放环境，支持教师和学生访问丰富的学习材料和教学工具。这种平台的建设不仅促进了教育资源的均衡分配，还增强了教学活动的互动性和创新性，为学生提供了个性化和多样化的学习体验。资源共享平台还能够促进校内外专家的知识交流，通过共享最佳实践、研究成果和教学经验来提升教育的整体效果。

（一）技术基础和平台架构

构建一个功能强大且用户友好的校内外资源共享平台不仅为教育资源的有效管理和共享提供了必要的技术支持，还促进了教学合作和知识传播的效率。要实现这一目标，必须确保平台的技术基础坚实，并拥有合理的架构设计，以支持大规模的数据交换和多样化的文件类型处理。技术基础是资源共享平台成功的根本。一个稳定的技术基础可以确保平台的连续运行和数据安全，避免因技术问题导致的教学中断或信息泄露。先进的技术可以提高平台的处理效率，支持更复杂的数据操作和用户请求，从而提升用户体验和满意度。

在设计和实施共享平台时，必须充分考虑校内外用户的实际需求。这包括进行需求调查，了解教师和学生在教学资源共享方面的具体需求和期望。平台应提供简洁直观的用户界面，支持快速搜索和高效管理教育资源，同时提供在线协作和交流的功能，以促进校内外的互动和合作。校内外资源共享平台的设计应遵循以下几个原则：

1. 可扩展性

平台的架构应设计成可扩展的，能够随着用户数量的增加和数据量的扩大而灵活调整资源。这不仅包括服务器的扩容能力，也包括软件和数据库的可扩展性，确保在用户访问高峰时期平台仍能稳定运行。

2. 兼容性

兼容性是资源共享平台必须考虑的另一个重要方面。平台应支持多种文件格式和数据类型，包括视频、文档、图片等，以适应不同的教学和学习需求。平台还应兼容各种操作系统和设备，确保所有用户都能无障碍访问。

3. 安全性

网络安全措施是构建任何在线平台的基石。教育资源共享平台涉及大量敏感数据，包括学生信息、教学材料和研究数据等，因此必须采取强有力的安全措施来保护数据不被未授权访问或恶意攻击。这包括数据加密、安全登录、访问控制和定期的安全审计等。

4. 可维护性

平台的可维护性也非常关键。应设计易于维护和更新的系统架构，以便快速响应技术发展和用户需求的变化。维护性好的系统可以减少停机时间，提高系统的总体稳定性和可靠性。

（二）内容管理和质量控制

内容管理和质量控制是确保平台有效运营和高效服务的关键因素。有效的内容管理不仅保证了教育资源的质量和安全，还提高了用户的信任度和平台的使用率。因此，制定严格的内容审核机制、质量控制流程，以及维持资源的时效性和相关性，是建设资源共享平台时必须细致考虑的方面。内容管理的核心目的是确保共享平台上的所有资源都是权威、准确和适宜的。这不仅关系到教育资源的实用性和教学效果，还涉及学术诚信和版权法规的遵守。良好的内容管理能够促进知识的正确传播，避免误导用户，同时保护知识产权，防止侵权行为的发生。

为了严格控制内容质量，必须把控质量控制流程：一是设立审核标准。需要制定清晰的内容审核标准，这些标准应涵盖资源的真实性、准确性、适用性和教育价值。审核标准应与教育目标和学科要求紧密相关，确保资源能够支持有效的教学和学习。二是内容审核过程可以采用分层审核机制，例如，初步审核由专门的内容管理团队完成，主要检查资源的格式、完整性和基本准则的符合性。进阶审核则由学科专家进行，深入评估内容的学术价值和教育适用性。三是除了初次审核之外，还应定期对平台资源进行质量评估。这包括检查资源的更新频率、用户反馈、使用情况和最新的教育研究发展。根据评估结果，及时调整和优化资源，确保内容的现代性和有效性。

再者，对于资源更新和优化机制来说，需要建立持续更新系统。为保持内容的时效性和相关性，平台应建立一个持续更新的系统。这包括与教育政策、科技进步和学科发展同步更新相关资源，确保教育内容能够反映最新的知识和技术。平台还应设计便捷的反馈系统，鼓励用户评价和报告资源的问题。通过分析用户反馈，可以及时发现并修正内容错误，优化资源配置，提升用户满意度。

（三）用户接入和服务支持

在构建校内外资源共享平台的过程中，确保用户能够方便地接入并有效地使用平台至关重要。这不仅涉及用户体验的优化，还包括全面的服务支持系统的建立，以确保平台的广泛应用和持续改进。用户接入和服务支持系统的设计应精心考虑，以满足不同用户的需求，并促进高阶思维引领下的微项目教学的实施。用户接入流程的便捷性直接影响到平台的使用率和用户满意度。一个设计良好的接入流程可以降低用户的学习成本，提高用户的参与度，从而增强平台的影响力。为了实现这一点，接入流程需要简化而直观，允许用户快速开始使用平台，无需经过繁琐的注册和学习过程。

1. 设计便捷的用户接入流程

用户注册过程应尽可能简化，避免冗长的表单和复杂的验证步骤。可以通过集成社交媒体登录或使用学校和机构的认证系统来简化这一过程，同时确保用户信息的安全。用户界面（UI）的设计应直观易用，使用户能够轻松导航并找到所需资源。界面设计应考虑到用户的多样性，包括不同的技术熟练度和教育背景，提供定制化的界面选项，如字体大小调整、高对比度模式等，以满足所有用户的需求。

2. 提供全面的服务支持系统

为新用户提供初步的平台使用培训，介绍平台的基本功能和高级特性。培训可以通过在线教程、视频演示或互动式 Webinar 进行。还应定期举办高级用户研讨会，帮助用户充分利用平台的高级功能，如数据分析工具和定制报告。建立一个响应迅速的技术支持系统，解决用户在使用平台过程中遇到的技术问题。支持服务应包括在线聊天、电话支持和邮件反馈，确保用户问题能够得到及时解决。

（四）校外合作机制

构建校内外资源共享平台的过程中，建立一个有效的校外合作机制不仅有助于资源的整合和优化，还能强化各参与方之间的协同效应，共同推动教育创新和提升教育质量。实施这样的合作机制涉及多个层面，包括制定合作协议、共享资源政策，以及制定共同发展计划等。校外合作机制通过整合不同教育资源和专业能力，可以提供更丰富多样的学习材料和教学方法，从而增强学习体验和教学效果。这种合作还有助于建立一个开放和包容的教育环境，促进知识的跨界流动和创新思想的碰撞，为学生和教师提供更广阔的视野和更多样的学习机会。设定共同发展计划是建立校外合作机制的核心举措，它是指导合作双方共同进步和发展的战略规划。共同发展计划应基于双方的长远利益和共同目标，包括合作项目的设立、研究课题的开发、人才培养计划等。通过实施共同发展计划，合作双方可以互利共赢，共同推动教育创新和提高教育质量。

为了学校之间合作的持续有效，各方应从以下几个方面重点考量：

1. 选择合适的合作伙伴

选择合适的合作伙伴是合作成功的前提。合作伙伴应具有良好的信誉和相匹配的资源优势。在选择合作伙伴时，还需要考虑其教育理念和发展目标是否与合作项目相符，以及其参与合作的能力和意愿。

2. 建立有效的沟通机制

沟通是合作成功的关键。建立有效的沟通机制，确保合作过程中信息的透明和及时交流，可以帮助双方及时解决合作中出现的问题，调整合作策略，优化合作效果。

3. 定期评估合作效果

合作机制应包括定期评估合作效果的条款，通过评估可以监控合作项目的进展，评价合作的成效和影响，根据评估结果调整合作计划和策略，确保合作目标的实现。

二、教师集体备课的合理优化

（一）导入情景的优化

在高中历史微项目教学的备课准备中，教师应重点关注导入情景的优化。在进行情景导入的优化过程中，通过集体备课，教师可以分享各自的观点和资源，集中智慧和力量，共同开发更为有效的教学策略。导入情景的设置旨在创设一个丰富且引人入胜的学习环境，帮助学生建立学习内容的情境联系，激发他们的求知欲和学习兴趣。

为了实现这一目标，教师需要精心设计和选择合适的情境素材，并合理组织这些素材的展示顺序和形式。这一过程不仅依赖于教师的专业判断和创造力，也需要通过校内外的合作，集思广益，共同探索最佳的实施策略。导入情景的设置是微项目教学设计中的首要步骤，它直接影响学生对学习内容的初步感知和兴趣。一个有效地导入情景可以为学生即将进行的探究活动提供清晰的背景，帮助他们理解即将学习的主题与现实生活或其他学科知识的关联。情景导入还能够激活学生的预备知识，使他们能够更好地链接新旧信息，从而促进深层次学习。

在情景素材的选择上，我们可以参照以下几点：

1. 知识性与相关性

选择情境素材时，教师需确保所选材料具有一定的知识性和教育价值，能够与教学内容紧密相关。这些材料应涵盖与项目相关的历史事件、人物或跨学科的知识点。同时，材料需要符合高中生的认知特点，既不过于简单，也不超出他们的理解范围。

2. 多样性与互动性

情境素材的形式应多样化，包括文字描述、图像、表格、时间轴、符号、视频及实验等。多媒体元素尤为重要，因为它们能够以直观的方式展示复杂的信息，增强学生的感官体验，提高信息的接受率。例如，历史微项目中可以通过视频展示特定事件的重现，使学生能够更直观地感受到历史的现场感。

3. 结构化与逻辑性

在展示情境素材时，教师需要考虑其逻辑性和结构化程度。合理的顺序和简化的信息展示有助于学生更好地理解和吸收材料内容。教师应根据微项目的目标和学生已有的经验，进行材料的拆分与重组，逐步引导学生从易到难，由表及里地探索学习主题。

（二）驱动性问题的优化

驱动性问题作为微项目教学过程中的重要组成部分，其目的是激发学生的探究兴趣和思考能力，引导学生积极探讨项目主题，深化理解。优化驱动性问题的设置不仅能够增强学生的学习动机，还能够有效地促进学生对知识的深层次理解和应用。驱动性问题是构建在学生已有知识和新学习内容之间的桥梁。它通过提出开放性问题激发学生的好奇心，引导学生主动寻找答案，从而达到自主学习的目的。好的问题能够触发学生的批判性思维，促使学生从多角度、多维度分析问题，探索解决方案。对于驱动问题的优化，教师在备课时可以关注以下几点：

1. 充分解读情境素材

在设计驱动性问题之前，教师需要深入分析和解读教学情境中的各种素材。这一步骤要求教师精确理解情境内容及其与教学目标的关联，确保提出的问题能够紧密联系实际情境，与学生的学习内容和活动目标一致。通过这种方式，驱动性问题能够更有效地引导学生思考，增加学习的相关性和实际应用价值。

2. 探查学生的认知水平

驱动性问题的设计应基于学生的实际认知水平。这要求教师通过观察、评估和与学生的互动来了解学生的知识基础、思维习惯和学习偏好。了解学生的认知特点后，教师可以设计出符合学生认知发展阶段的问题，既不过于简单，导致缺乏挑战性，也不过于复杂，超出学生的理解范围。

3. 结合学生经验设计问题

有效的驱动性问题应结合学生的实际生活经验和已有知识背景。从学生的经验出发，可以提高问题的针对性和实际意义，使学生能够更容易地与问题内容产生共鸣，激发学习的积极性。例如，在处理历史微项目时，可以将历史事件与学生所在地的历史背景或当前发生的相关事件联系起来，提高问题的生活化和实际应用性。

4. 分层次、分梯度设计问题

问题的设置应遵循循序渐进的原则，按照从易到难、从浅入深的顺序安排。这种分层次、分梯度的设计能够帮助学生逐步深入问题的核心，逐步建立和扩展知识框架。同时，这种设计也有助于教师根据学生的学习进展灵活调整教学策略，确保每个学生都能在适宜的挑战中实现自我发展。

（三）合理拆解项目活动

面对复杂的项目任务，尤其是那些置于陌生情境中的任务，学生可能会感到不知所措。当学生面对一个陌生、真实、复杂的问题情境时，教师应引导学生将项目任务进行合理拆解，降低项目学习的难度。[①] 因此，教师在集体备课过程中需要设计明确、系统的拆解策略，帮助学生逐步理解和掌握项目内容，降低学习障碍，提高学习效率。这种拆解不仅关乎任务的分解，也涉及如何在校内外不同资源之间建立有效的协作和交流。

合理拆解项目活动可以帮助学生将大的、复杂的项目目标分解为小的、可管理的任务单元。这种方法可以使学生在面对复杂问题时不至于感到压力过大，有助于他们更系统地理解问题的各个方面。同时，拆解后的小任务更容易与学生的先前知识和经验相连接，提高学习的相关性和实际操作性。这种拆解还可以促进学生之间的分工合作，提升团队协作的效率。合理拆解项目活动需要注意以下几点，如图 7-2 所示。

| 1 明确项目活动的目标和结构 | 2 设计阶梯式任务结构 | 3 利用多种教学资源 |

图 7-2　合理拆解项目活动需关注点

这里重点说一下设计阶梯式任务结构。将整个项目活动分解为若干个小任务时，应采用阶梯式设计，即从简到难逐步递进。这种结构不仅有助于学生逐步建立信心，还能逐渐提高他们处理复杂问题的能力。每个小任务应当设计得既能独立完成，又能与其他任务相互衔接，共同推动项目目标的实现。

---

① 黄梅玲. 微项目式学习在小学科学课堂中的实践与意义 [J]. 实验教学与仪器，2020（10）：64.

（四）项目评估的优化

新课程标准提倡"教、学、评"一体化，强调评估应多元化，覆盖学习的各个方面，而"微项目"的教学更需要多元化的评价方式，这种评价体系不仅关注学生的最终成果，更加重视学生在学习过程中的表现，如探究态度、合作程度以及实验操作的规范性等。因此，在历史教师集体备课过程中，必须对微项目教学评估进行优化。

项目评估在教学过程中扮演着多重角色。它不仅是检验学生学习成果的工具，也是促进学生学习、指导教学调整的手段。项目评估的优化能够提供关于学生学习状态和学习过程的详尽信息，帮助教师及时调整教学策略，提高教学效果，同时也能增强学生的学习动力和自我反思能力。

传统的教学评估多依赖于考试和测试，这种方式可能忽视了学生的实际能力和创新思维。微项目教学应采用更加多元化的评价方法，包括自评、互评、小组评价等。例如，可以在项目实施过程中，设立多个评价节点，让学生对自己和同伴的探究态度和合作程度进行评价，采用优、良、中、差等级制进行评价。在探究环节，可以把学生的操作和结果展示划分成完整、较完整、不完整等评价等级。项目达成效果的评价应超越传统的课堂练习和课后测试，采用多样化的评估方法，以全面评价学生的理解和应用能力。每个微项目应设计"留白"部分，为学生提供进一步研究的空间，从而激发他们在课后继续主动探究的热情和兴趣。这种开放式的项目设置旨在鼓励学生延伸学习，深化对主题的掌握和理解。

三、加强区域交流

（一）加强校与校之间的交流

区域内的学校交流不仅有助于教师共享教育资源和最佳实践，还促进了教学方法的创新和学生学习效果的提升。通过这种交流，学校能够相互学习，取长补短，同时根据自身学生的具体需要，对外部的教学策略和项目进行调整和优化。校际交流可以极大地丰富教师的教学资源和策略，提供一个学习和借鉴先进教学方法的平台。这种交流不限于教学技巧的共享，更包括教育理念、课程内容、评估方法等多方面的深入讨论。通过观摩其他学校的教学案例和实践，教师可以更客观地反思自己的教学方法，识别并改进自身的不足，从而更有效地支持学生的学习和发展。

在校校合作的实践中，各方应积极行动，让校与校之间的交流真实有效，为高中历史学科的微项目教学提供强有力支持。

1. 学习先进的做法

加强校与校之间的交流首先需要从学习和借鉴先进的教学做法开始。各学校可以通过组织定期的教师研讨会、开放课堂、教学观摩等活动，让教师有机会直接了解其他学校的成功经验和创新实践。这些活动不仅提供了实践学习的机会，还增强了教师之间的专业联系和交流。

2. 避免照搬照套

在借鉴其他学校的经验时，重要的是要根据本校学生的实际情况进行适当的调整和优化。每个学校的学生群体在学习需求、背景和认知水平上都有所不同，因此不能简单地复制其他学校的模式。教师需要深入分析外部做法的可行性和适用性，确保所采纳的策略能够真正适应本校学生的学习情况。

3. 设定合适的项目目标

在校际交流的基础上，教师应根据交流所得的见解和学生的具体需要，明确和调整微项目的教学目标。这包括对学生当前的知识掌握水平进行准确评估，预测潜在的学习障碍，并设计教学活动帮助学生将新知识与已有知识框架有效连接。这种目标的明确和个性化设计是实现教学成功的关键。

（二）加强学校与社会之间的交流

在高阶思维引领下的微项目教学中，加强学校与社会之间的交流是一种推动教育与社区资源整合、提升教育质量的重要策略。特别是在历史教学领域，通过与博物馆、纪念馆、历史研究基地等社会组织的合作，可以为学生提供丰富的学习资源和真实的学习体验，从而激活历史教学，增强学生的学习动力和深度理解。与社会资源的深度交流和合作可以使学校教育突破传统教室的界限，将学习与现实生活紧密结合。通过利用社会资源，学生可以在实际环境中观察、体验和学习，这不仅能增加学生对学习内容的兴趣和参与度，还能帮助他们更好地理解和消化课堂上学到的理论知识。在高中历史微项目教学过程中，我们可以从以下几个方面来充分利用社会资源，激活历史教学。

1. 建立合作关系

学校应主动与地区内的博物馆、纪念馆及历史研究基地等机构建立稳定的合作关系。这种合作关系可以通过签订合作协议、共同举办教育项目、交流讲座等形式具体实施。合作协议应明确各方的责任、权利和义务，确保合作的持续性和有效性。

2. 利用社会资源激活教学

通过与社会机构的合作，学校可以获得丰富的历史资料和第一手的研究成果，将这些资源整合到历史教学中。例如，利用博物馆的藏品进行案例研究，或是邀请博物馆专家进入课堂，进行专题讲解。这些活动能够为学生提供生动的历史学习材料，增强他们的历史意识和文化认同感。

3. 组织实地参观学习

　　定期组织学生前往这些历史研究基地和博物馆进行实地参观和学习是一种极具教育价值的活动。通过实地观察和参与，学生可以更直观地理解历史事件和人物，这种亲身体验对于提高历史学习的深度和广度是非常有效的。利用周末和假期进行这类活动，可以最大程度地利用时间，避免干扰正常的课程安排。

第八章　总结与展望

第一节　微项目教学总结

高阶思维引领下的高中历史微项目教学通过其创新的教学设计、多元化的评估方法和教师角色的转变，极大地激发了学生的学习兴趣和历史思维能力的提升。这种教学策略强调了学生的主体地位和实践能力的培养，有效地将历史教学与学生的现实生活和未来发展需求相结合，是高中历史教学改革的重要方向。通过不断的实践和反思，高阶思维引领下的微项目教学将持续推动历史教育的高质量发展。

一、高阶思维与高中历史微项目教学的结合

在高中历史教学中，将高阶思维能力与微项目教学模式结合，已成为推动学生深入理解历史、发展批判性思考与解决问题能力的有效教学策略。高阶思维包括一系列复杂的认知过程，如分析、评价和创造。这些过程使学生能够超越记忆和理解，对信息进行深入思考和积极操作。在历史学科中，高阶思维的表现形式包括能够评估不同历史事件和观点的可靠性、批判性地分析历史材料，以及在多元视角下重构历史叙述。高中历史微项目教学通过设计短期、主题明确的项目活动，使学生在教师的引导下，通过实际操作和问题解决过程中掌握知识与技能。这种教

学模式强调"以学生为中心",鼓励学生主动学习和自我探索。

在高阶思维引领下的高中历史微项目教学有助于学生从被动接受知识转变为主动探索问题。学生在这一过程中不仅学习到历史事实,更重要的是,他们学会了如何思考历史、如何评价不同的历史解释以及如何用历史知识来分析现实问题。这种教学模式提高了学生的历史思维能力,同时也培养了他们的自主学习能力和终身学习的兴趣。

二、教学设计与实施

在高中历史微项目教学中,逆向设计思路因其高效和目标导向的特性而被广泛采用,尤其在高阶思维引领下的高中历史微项目教学中表现尤为突出。这种教学设计强调从预期的学习成果出发,逆向规划教学流程和评估方式,确保每一步教学活动都紧密围绕核心学习目标展开,有效地促进学生的批判性思维、问题解决能力和深层历史理解。通过高阶思维的引导和逆向教学设计的实施,高中历史微项目教学能够有效提升学生的历史思维能力和学科素养。这种教学模式不仅使学生能够在具有挑战性的情境中实践和深化历史知识,还促进了他们批判性思维和自主学习能力的全面发展。

(一)教学设计的核心原则

1. 目标导向的逆向设计

逆向设计要求教师在教学活动的初始阶段就明确最终的学习成果。在高中历史微项目教学中,这通常涉及批判性思维的培养、历史原始材料的分析能力,以及历史事件的多角度评估。教师需要根据这些学习目标设计相应的教学活动和评估策略,从而确保所有教学资源和学习任务都能有效地支持学生达到这些预定目标。

2. 真实性与探究性的结合

在微项目教学中，真实性和探究性是设计教学活动的重要方面。通过创设基于真实或模拟的历史情境，教师激发学生的学习动机，促使他们在接近真实的复杂环境中应用历史知识解决问题。这种方法不仅提高学习的吸引力，还增强了教育的实际应用价值，使学生能够在实际或模拟的历史分析中练习和展示他们的批判性思维和解决问题的能力。

（二）教学实施的策略

1. 设计富有挑战性的问题和情境

教学活动的设计应围绕核心的历史问题和情境展开，这些问题和情境需要足够的挑战性，以促进学生深入探究和自主学习。例如，可以要求学生分析某一重要历史事件的多个历史文献，评估不同历史记录的可靠性和偏见，或者重构可能的历史发展场景。

2. 强化学生的主体性

微项目教学强调学生的主体性和自主性。教师应鼓励学生基于自己的历史知识进行独立思考和问题解决。在此过程中，学生不仅是知识的接受者，更是知识的主动构建者。教师的角色转变为指导者和支持者，他们提供必要的历史资源，引导学生讨论，帮助学生在学习过程中调整策略和方法。

3. 提供适时的指导和支持

虽然强调学生的独立性，教师的适时指导和支持同样重要。这包括在学生遇到学习难题时提供指导，帮助学生理解复杂的历史概念，以及在必要时调节学习进程和策略。教师还应确保学习活动的连贯性和系统性，使学生的学习经历既丰富又具有结构性。

三、微项目教学评估与反馈

评估活动应与教学目标和内容紧密相关，它不仅衡量学生的知识和技能掌握程度，更深入地评价学生的思维过程和策略使用。这种评估方式强调对学生高阶思维能力的培养，逾越了传统的知识记忆评测，转向了更为全面和深入的学习体验评估。评估活动在微项目教学中的重要性体现在它能够提供关于学生学习过程和成果的综合信息，这些信息对于指导教学实践和调整教学策略至关重要。有效的评估能够揭示学生在历史思维、批判性分析、问题解决和合作中的能力水平。因此，评估的目标不仅是验证学生对历史知识的掌握程度，更重要的是评价他们如何应用这些知识解决实际问题，以及在这个过程中如何运用高阶思维技能。

（一）评估工具和方法的多样性

确保微项目教学方式的实际效益和持续优化，关键在于开发和采用能够全方位评估教学效果的工具和方法。这些评估工具和方法的运用目的是全面量化教学方法的成效，涵盖学生学习成就、教学互动质量以及课程内容吸引力等多个关键指标。通过这样的工具，教师可以从多角度获取反馈，从而精确调整教学策略，确保教学活动能够有效提高学生的学习效率和兴趣，如下面两种典型的教学评估方式：

1. 同伴评价

同伴评价强调在学习过程中引入学生的互动和反馈，促进学生之间的交流和学习。通过评价彼此的工作，学生不仅能够从他人的优点中学习，还能通过批评和自我反省来提高自己的思维和表达能力。这种评估方式增强了学生的批判性思维和自我评价的能力。

2. 自我反思

自我反思是微项目教学中一个重要的评估形式，它鼓励学生对自己的学习过程和成果进行深思熟虑的评价。通过写作反思日志、学习报告或进行口头反思，学生能够识别自身的强项和改进区域，从而更加自觉地调整自己的学习策略。

（二）评估结果的反馈与应用

评估的另一关键方面是反馈的及时性和实用性。教师应根据评估结果提供具体、建设性的反馈，帮助学生理解他们的优势和需要改进的地方。反馈应具有促进性，鼓励学生在未来的学习中应用反馈中的建议。通过持续的反馈循环，教师和学生可以共同推动教学和学习过程的优化。

四、师资队伍建设与教学资源整合

师资队伍建设与教学资源整合是高中历史微项目教学成功实施的基石。通过提升教师的专业能力和整合丰富多样的教学资源，不仅可以提高教学质量和效果，还可以激发学生的学习热情和参与度，实现教学与学习的最优化。在这一过程中，校内外的广泛合作与交流起到不可替代的作用，它们共同推动教育的持续发展和创新。

（一）教师角色与专业发展

教师在微项目教学中的角色转变要求他们不仅要有扎实的历史知识，还需要掌握现代教学方法和信息技术。为此，教育机构应定期为教师提供专业培训，包括教学策略、学生评估、项目设计等方面的知识更新。这种专业发展旨在使教师能够设计和实施更有效的教学活动，更好地引导学生在微项目学习中达成高阶思维的教学目标。

（二）教学资源的整合与优化

教学资源的整合是提升微项目教学效果的另一关键因素。学校应通过建立校内外资源共享平台，加强与本地博物馆、档案馆及其他教育机构的合作，充分利用这些资源丰富教学内容和形式。例如，历史微项目可以包括访问地方历史博物馆、组织历史主题的实地考察等，这些活动不仅扩展了学生的视野，也提高了学习的实际应用性。

（三）校内外的交流与合作

教师集体备课机制的优化也是提升教学质量的有效途径。通过组织校内外教师的定期研讨和工作坊，教师可以相互学习、分享教学经验和策略，从而持续改进教学设计和实施。加强区域交流，与其他学校的教师进行交流和协作，可以引入新的教学理念和方法，促进教育创新。

（四）实践性和趣味性的增强

将社区资源如博物馆和档案馆纳入教学资源体系，能够有效地提升教学的实践性和趣味性。这些资源提供的历史资料和实物可以直接支持微项目教学的内容，使学生能够通过亲身体验和观察来学习历史，增强学习的沉浸感和实际意义。

第二节　微项目教学的未来方向

一、个性化定制教学服务

个性化定制教学服务旨在通过提供符合学生不同学习需求、兴趣和认知水平的教学内容，优化学习体验，提高教学效果，它是未来高中历史微项目教学发展的重要方向。通过实施层次分明、主题多样的微项目，结合灵活自主的学习路径和充足的教学资源，可以极大地满足高中生在历史学习上的个体差异，提升他们的学习效果和教育体验。这不仅有助于培养学生的历史思维能力，也为他们的个人成长和终身学习打下坚实基础。高中生作为一个极具多样性的群体，他们在知识水平、学习兴趣和认知风格等方面存在显著差异。传统的"一刀切"教学模式难以满足所有学生的需求，因此，个性化教学显得尤为重要。通过个性化定制教学服务，教师可以为每位学生提供更加符合其个人特点和需求的学习路径，从而有效提升学生的学习动力和学习效果。

微项目教学提供了实现个性化教学的有效平台。这种教学模式通过设计具有不同难度和主题的历史学习项目，允许学生根据自己的兴趣和能力选择最适合自己的学习内容和方法。

（一）难度分层

微项目可以根据学生的能力和前置知识设计不同难度的项目。例如，对于基础层次的学生，项目可以设计得更具引导性和示范性，重点在于基础知识的理解和简单技能的应用。对于高阶层次的学生，项目则可以包含更多的开放性问题和复杂的任务，鼓励学生进行深入研究和批判性思考。

（二）主题多样性

历史微项目的主题可以多样化，覆盖政治、经济、文化等多个方面，以吸引不同兴趣的学生。教师可以根据学生的兴趣爱好和未来发展方向，提供相关主题的项目选择。这种多样性不仅能够提高学生的学习积极性，还能帮助他们在学习过程中发现并追求自己的热情。

（三）学习路径的自定义

在微项目教学中，学生可以根据自己的学习速度和时间安排自定义学习路径。通过线上学习平台的支持，学生可以随时访问学习资源，自主安排学习进度，教师则通过平台跟踪学生的学习进程，并提供必要的指导和反馈。

二、高中历史教学资源共享

在教育领域，资源的共享不仅能够提升教学质量，还能促进教育公平。在高中历史微项目教学中，通过建立资源共享平台，可以有效整合和利用各类教育资源，实现教育资源的最大化利用，帮助更多学生获取高质量的教学内容。因此，资源深度共享成了高中历史微项目教学未来发展的重要方向之一。

（一）资源共享平台的构建意义

资源共享平台的建立，意在打破传统教育资源分配的限制，通过技术手段实现教育资源的广泛传播和高效利用。对于历史教学而言，这样的平台可以整合历史文献、多媒体教学材料、虚拟现实体验等多种形式的教学资源，使之能够跨越地域和学校的界限，为广大师生提供丰富、多样的学习材料。

（二）资源共享的深度和广度

1. 深度共享

资源深度共享强调的是资源的质量和教学的深入性。这不仅仅是将资源上传到平台上供人使用，更重要的是对这些资源进行精选和优化，确保它们能够支持和促进高阶思维的发展。例如，历史文献的深度分析、历史事件的案例研究、互动式历史探索模块等，都是深度共享资源的体现。这些资源应具有高度的教育价值和实用性，能够引导学生进行批判性思考和独立研究。

2. 广度共享

资源的广度共享涉及资源覆盖的范围。高中历史教学资源应涵盖不同的历史时期、地区和主题，满足不同学习者的需求。资源共享平台需要具备强大的技术支持，能够容纳大量数据，同时保证访问的便捷性和稳定性。平台应设计有助于教师和学生容易搜索和获取所需资源的功能，如智能搜索引擎、资源推荐系统等。

（三）教学资源共享的实施策略

1. 技术支持

技术是实现资源深度共享的基础。开发和维护一个功能强大、用户友好的共享平台需要前沿的技术支持，包括云计算、大数据分析和人工智能等。这些技术可以优化资源的存储、检索和分发过程，提升用户体验。

2. 教育合作

资源共享的实现还需依托广泛的教育合作。学校、博物馆、研究机构以及其他教育组织可以在平台上共享自己的资源，同时利用平台的资源进行教学和研究。通过这种方式，可以搭建起一个互利的教育生态系统，促进资源的有效流通和利用。

3. 持续更新与反馈

为了保证资源共享平台的活力和教学资源的时效性，必须定期更新资源库，并根据用户的反馈进行调整和优化。这要求平台具备良好的反馈机制，能够收集和分析用户的使用情况和意见，及时做出响应。

三、教学辅助工具的应用

开发出一些辅助教学的工具和平台，有利于更加方便地进行高中历史微项目教学和实践，提高学习效果。辅助教学工具在高中历史微项目教学中的应用，为历史教学提供了新的视角和方法。通过利用这些工具，教师不仅能提高教学效率和质量，还能激发学生的学习热情，提升他们的历史学习成果。随着技术的进一步发展和教育理念的不断刷新，辅助教学工具将继续在教学实践中扮演越来越重要的角色。

（一）辅助教学工具的必要性

随着教育技术的快速发展，多种新型教学工具逐渐被引入课堂。在高中历史微项目教学中，这些工具的应用可以极大地丰富教学资源，拓展教学方式，使学生能够通过多种感官进行学习，从而更好地理解和吸收复杂的历史知识。例如，虚拟现实（VR）技术能够通过创建仿真的历史场景，提供身临其境的学习体验，极大地增强学生的学习兴趣和沉浸感。

（二）动态的教学环境创建

1. 数字化工具的应用

现代数字化工具如在线论坛、互动投票系统等，为历史教学提供了新的互动平台。通过这些平台，学生可以参与更广泛的讨论，与其他学习者共享观点，进行思想碰撞。例如，在线论坛允许学生就特定的历史事件或议题发表见解，收集同伴的反馈，形成更深层次的讨论和理解。

2. 虚拟现实（VR）的运用

虚拟现实技术在历史教学中的应用尤为突出。通过 VR 头盔和相关软件，学生可以"穿越"到不同的历史时期，直观地观察和体验那个时代的社会生活和重大事件。这种技术不仅使得历史学习更加生动和真实，还能帮助学生在实际操作中学习历史，比如通过模拟历史人物的角色扮演，进行决策和交互，从而更全面地理解历史的复杂性和多样性。

3. 教学资源的整合与优化

为了最大化辅助教学工具的效用，必须进行教学资源的整合和优化。这包括将传统的文本资源与现代的多媒体资源结合起来，创建一个多元化的教学资源库。教师需要不断更新和调整教学内容，确保所有教学资源都能与学生的学习需求和最新的教学目标保持一致。

第三节　对高中历史教学的建议

一、科学解构教材，优化教学内容

教材不仅是传递知识的工具，更是构建学生知识体系的框架。在高中历史教学中，教师需要对教材进行科学解构，这意味着教师需通过分析教材的结构和内容，识别教学的重点和难点，从而更有效地指导学生学习。科学解构教材能够帮助教师更好地理解课程标准和教学目标，使教学活动更加目标明确和效果显著。这需要教师具备深厚的历史学科知识和教学技能，且不断更新自身的教育观念和教学方法。

因此，要做到科学解构教材，优化教学内容，高中历史教师必须在以下几个关键点上发力：

第一，深入理解教材编写意图。教师应深入研究教材的编写背景和意图，理解其中的历史观和价值取向。这不仅有助于教师准确把握教材内容，也方便在教学过程中引导学生形成正确的历史观。拿选择性必修课程来说，其设计理念、编写思路、内容体系及教学要求均呈现出创新性，它们在必修课程的基础上进行拓展和提升，而非简单重复。

以选择性必修一为例，其设计角度为在历史上国家是从哪些方面进行有效治理的，而不是仅仅从政治体制、政治事件的角度去认识。这种设计角度超越了传统的政治体制和事件的研究范畴，旨在引导学生从国家治理的角度来理解历史，探讨历史上的国家是如何运作、如何治理的。

第二，从学生实际出发调整教学内容。教师在教学过程中应考虑学生的认知水平和兴趣点。在保持教材完整性的基础上，有选择性地调整教学内容，如增加生动的历史案例或减少某些复杂的理论描述，使教学内容更加符合学生的实际需求。

第三，充实和更新教学材料。利用最新的研究成果和历史资料更新教学内容，使之不仅停留在教材所提供的信息上。

第四，整合课程资源，实现课程再开发。整合线上线下教学资源，结合网络资源、图书资料和多媒体教学工具，教师可以为学生提供多样化的学习材料。

二、强化高阶思维引领

历史学科本质上要求学生不仅记忆事实，更要理解事件背后的原因和影响、分析不同历史来源的偏见与局限，并对历史事件做出自己的判断。这些要求自然涵盖了高阶思维的各个方面。在传统教学中，往往重视记忆和理解，而不足够强调学生的思考、分析与批判能力，这对学生形成全面的历史观和批判性思维能力是不利的。

强化高阶思维的引领不仅能够提高学生处理复杂历史问题的能力，还能帮助他们在未来的学习和生活中更好地运用批判性思维和创造性解决问题的技能。这需要教育者在课程设计、教学方法、评估方式以及专业发展等多个方面进行系统的思考和创新。通过这些努力，高中历史教学可以成为培养学生高阶思维能力的有效场域，为学生的终身学习和个人发展奠定坚实的基础。

三、积极推动微项目教学的深度开展

在高中历史教学中，微项目化学习的实施是一种创新的教学方法，它能够通过实践和探究活动促进学生的深度学习。为了确保其教学有效性，应避免高中历史微项目教学成为应景式、浅层化的陪衬，而应重点关注如何通过微项目教学的深度开展提高教学成效，培养学生的关键能力和必备品格。

为积极推动高中历史微项目教学的深度开展，教师应在教学实践中避免走向两个误区：一是微项目教学实践中学生的活动繁琐、耗时长；二是微项目教学知识的零散、不系统。这就需要教师把高中历史教学微项目教学深度结合，关注以下几点：

第一，应将真实情境作为学习的核心载体，确保学习活动紧密结合实际情境，以提高学习的现实意义和应用价值。这种方法可以激发学生的学习兴趣，并使他们能够在实际环境中更好地理解和应用历史知识。

第二，结合传统教学方法的优点，教师应积极探索将这些有效做法融入项目式学习中，以实现教学方法的最优化。这包括运用经典的教学理念和技巧，如教师讲解、讨论和传统评估方法，以保证知识的系统性和完整性。

第三，加强教师的指导角色至关重要，以避免走向极端的"以学生为中心"而忽视教师指导的必要性。教师的引导不仅可以帮助学生在探索过程中保持正确的方向，还可以确保学习活动的深度和质量。

第四，回归历史学科的学术本质也是必不可少的。在坚持历史学科核心价值的基础上进行创新，可以确保微项目教学不仅仅是活动的堆砌，而是真正的知识和能力的提升。

第五，利用现代信息技术手段提高学习活动的效率是不可忽视的。通过数字化工具和平台，学生可以更高效地获取信息、进行合作和展示学习成果，从而优化整个学习过程。

附　录

项目名称：重回百年辛亥现场	项目时长：15分钟

项目简述：
本项目通过现场评论、研讨会等形式，引导学生深入思考历史事件内在逻辑关系。通过设置历史情境，重现辛亥革命过程中重要事件和关键人物，与他们一起经历百年前那一重要时刻。学生们通过课前资料搜集和课堂史料解读，弄清重大历史事件的重要地位和意义

项目所涉及的主要知识点与技能：
理解辛亥革命爆发的历史背景：历史事件发生的偶然性与必然性
简述以武昌起义为起点的辛亥革命的进程，知道中华民国建立，结束了延续两千多年的君主专制制度，为中华民族的进步探索了道路

核心概念	辛亥革命：嬗变与延续	
驱动性问题	1. 本质问题 如何确定历史事件之间的逻辑关系？理解辛亥革命在中国历史近代化中的作用 2. 驱动性问题 （1）"如果广州起义不发生，会有武昌起义发生吗？当时没有四川保路运动，武昌起义会爆发吗？"试运用辛亥革命的背景材料加以推断 （2）如果你是武昌起义的发起者，会选择怎样进攻路线？对当时参加起义的同志给出作这样决策的理由 （3）回到1912年的历史现场，请以时政评论员的身份全方位解读《中华民国临时约法》（提供约法部分内容）	
成果与评价	个人成果： 对历史事件进行研究，绘制表示历史事件逻辑关系的思维导图 创造性表述 团队成果： 项目小组选择其中一个"驱动性问题"，运用历史和想象的细节，创造真实场景和事件，形成创作脚本，并运用可见的历史资料等最终形成学科小论文	评价的知识和能力： 对辛亥革命爆发的必然性分析 对《中华民国临时约法》评价 理解辛亥革命的历史地位及意义 对辛亥革命的理解，关于历史重大事件的个人见解 历史文本解读能力： 写作运用（研究小报告）
高阶认知	主要的高阶认知策略： 问题解决（ ）决策（ ） 系统分析（ ）实验（ ） 创见（ ）：创造性地重现当时的历史场景 调研（ ）：通过史料搜集整理，推测如果这一重大事件没有发生或以某种方式改变，历史将会怎样的	

注：样表源自夏雪梅《项目化学习设计：学习素养视角下的国际与本土实践》之：跨学科项目化学习设计模板。

参考文献

［1］王晶莹，周丹华，杨洋，等.科学高阶思维：内涵价值，结构功能与实践进路 [J].现代远距离教育，2023（2）：11–18.

［2］董健.基于"高阶思维""发展的课堂教学设计：以"底层的光芒""专题教学为例 [J].中学语文，2019（28）：67–69.

［3］何琏，何杰儒.核心素养视角下提升学生历史高阶思维能力策略初探 [J].2021.

［4］Suseelan M，Chew C M，Chin H .Higher–order thinking word problem–solving errors made by low–performing pupils：Comparative case study across school types in Malaysia[J]. Current psychology（New Brunswick，N.J.），2022：1–13.

［5］Frausel R R，Susan Goldin-Meadow，Richland L E，et al.Developmental Trajectories of Early Higher-Order Thinking Talk Differ for Typically Developing Children and Children With Unilateral Brain Injuries[J].Mind，Brain，and Education，2022，16（2）：153–166.

［6］Ghaniabadi S，Heydarnejad T，Abbasi S，et al.The contribution of critical thinking and self–efficacy beliefs to teaching style preferences in higher education[J]. Journal of Applied Research in Higher Education，2023，15（3）：745–761.

［7］蒋顺一.谈中学历史教学课堂提问的技巧：从培养学生高阶思维的角度出发 [J].课程教材教学研究：教育研究，2020（7）：18–20.

［8］官炳才，邹俊.基于课标的语文高阶思维教学策略 [J].语文教学与研究：读写天地，2016（28）：37–40.

［9］陈小青.基于高考评价体系的高中生历史高阶思维能力培养策略研究[J].中华活页文选（高中版），2023（12）：15–17.

［10］戴佳欣.高中历史微项目学习研究：以《中外历史纲要（上）》第六课和第七课为例[D].青岛：青岛大学，2023.

［11］徐飞.基于核心素养的中学化学"微项目"教学策略探析[J].成才之路，2023（22）：97–100.

［12］张玉红.杜威的"从做中学"教育理念在小学英语教学当中的应用[J].语文学刊（外语教育教学），2014（11）：164–165.

［13］王纯旗，唐黎明.基于"四要素"的微项目化学习设计策略[J].辽宁教育，2023（11）：16–19.

［14］赵利.以"微项目"为载体提升教师课程执行力[J].生活教育，2022（27）：3.

［15］左娅.略论建构主义课堂教学设计策略[J].科学咨询，2013（29）：1.

［16］宗秋培.聚焦微项目课程研究中的持续观察与跟进[J].儿童与健康，2023（1）：64–65.

［17］鲍雯雯.项目化学习微型研究：撬动教师"做中研，研中思"[J].教学月刊：中学版（教学管理），2022（5）：15–20.

［18］郁晓冬.加德纳多元智力理论下的历史教学[J].中学历史教学，2016（10）：24–25.

［19］付龙云.浅析高校英语信息化教学改革与微课教学模式：评《高校英语信息化教学改革与微课教学模式探究》[J].科技管理研究，2023，43（15）：261.

［20］黄映玲.建构网络环境下的主题式学习[J].中小学信息技术教育，2006（3）：3.

［21］范晓鹏.探究式学习在物理教学中的重要性[J].高中生学习（师者），2014（2）：102–102.

［22］刘璇.微项目化学习在高中历史教学中的应用研究[D].通辽：内蒙古民族大学，2023.

［23］齐永先.转变教学方式是实施素质教育的关键[J].青少年日记（教育教学研究），2016（1）：91.

［24］王厚福.微项目式学习视角下思想政治教学驱动型问题设计的探究：以"人的认识从何而来"为例[J].安徽教育科研，2023（29）：22–24.

［25］秦琦.历史故事在高中历史教学中的运用研究[D].成都：四川师范大学，2022.

［26］孟强.微项目化学习视域下历史教学关键问题的优化设计：以《武昌起义与中华民国创建》为例[J].中学历史教学，2021，（7）：28–30.

［27］刘巧燕.以学定教在高中历史教学中的实践研究：以统编版《诸侯纷争与变法运动》为例[D].银川：宁夏大学，2022.

［28］刘月，谢世芳.混合学习理念下的微项目教学设计与个案实践[J].长江丛刊，2021，（11）：89–90.

［29］魏艳春，倪胜利."双减"背景下馆校合作教育的价值意蕴与实践路径[J].教学与管理，2022（11）：4.

［30］黄梅玲.微项目式学习在小学科学课堂中的实践与意义[J].实验教学与仪器，2020（10）：2.

［31］李瑞.信息技术融入高中历史课堂的实践探索[J].中学历史教学参考，2023（24）：70–71.

［32］尹来成.结合信息技术，创新高中历史教学课堂[J].中小学电教：下，2023（2）：28–30.

［33］杨浩东.多媒体信息技术在高中历史教学中的运用实践[J].新课程，2022（25）：174–175.

［34］中华人民共和国教育部.普通高中历史课程标准（2017年版2020年修订）[S].北京：人民教育出版社，2020.

［35］罗小华.高中历史开展小微项目教学的实践与思考[J].教学与管理，2022（13）：56–58

［36］杨浩东.多媒体信息技术在高中历史教学中的运用实践[J].新课程，2022（25）：174–175.

［37］王德海．信息技术与高中历史教学深度融合的策略 [J].电脑迷，2023（6）：145–147.

［38］王磊，陈光巨．外显学科核心素养促进知识向能力和素养的转化 [J].化学教育（中英文），2019（17）：11–21.

［39］戴佳欣．高中历史微项目学习研究：以《中外历史纲要（上）》第六课和第七课为例 [D].山东：青岛大学，2023.

［40］李敏华．基于信息技术的高中历史案例教学研究：以《中外历史纲要（下）》第 8 课"欧洲的思想解放运动"为例 [J].教育信息化论坛,2023(18)：45–47.

［41］李振宇．浅谈信息技术在高中历史教学中的优化策略 [J].中国新通信，2023，25（16）：236–238.

［42］张丽丽．应用信息技术提高高中历史教学质量 [J].中小学电教（教学），2023（11）：22–24.

［43］丁志贤．高中历史开展小微项目教学的实践与思考 [J].教育艺术，2022（11）：24–24

［44］黄梅玲．微项目式学习在小学科学课堂中的实践与意义 [J].实验教学与仪器，2020（10）：63–64.

［45］严彬彬.高中历史数字化教学初探[J].读书文摘：青年版,2015(2)：1.

［46］关轻圆．人工智能技术下的高中历史精准教学 [J].中华活页文选（高中版），2023（17）：55–57.